and Death
white as words

to:

The Golden Lotus
King Bache
Dottore Giovanni Dodd
Captain James Elmer Ryan

AND DEATH
WHITE AS WORDS

an anthology of the poetry
of Breyten Breytenbach

(A bilingual text with English translations)
Selected, edited, and introduced by A. J. Coetzee

REX COLLINGS • LONDON
in association with DAVID PHILIP • CAPE TOWN

This selection first published by
Rex Collings Ltd, 69 Marylebone High Street,
London W.1

David Philip, Publisher (Pty) Ltd, 3 Scott Road,
Claremont, Cape 7700

ISBN 0 86036 091 1
ISBN 0 949968 91 9 (David Philip, Cased)
ISBN 0 949968 92 7 (David Philip, Paper)

Typesetting by Malvern Typesetting Services
Printed in Great Britain by
Billings & Son, Guildford, London and Worcester

Contents

Tat Tvam Asi

Preface

Because Breyten revitalizes Afrikaans idioms and expressions, and has a decided preferance for word-play where sound-effects and different possibilities of meaning are exploited, his poetry is often exceedingly difficult to translate. His isolation in Paris from normal usage of his mother tongue made him like a monk meditating on the modes of expression that a language can have.

For that reason it was decided in preparing this selection to obtain the services of more than one translator. Some poems were translated independently by different people. The closest version to the original has always been chosen, and in the final collation Stephen Gray acted as co-editor. I wish to thank him for his support.

This project of translating Breyten has been undertaken with enthusiasm, everyone involved being motivated by a desire to introduce to the English-speaking world this re-markable poet whose voice has now been silenced. The following poem by Cherry Clayton states what has been our common purpose:

Translating Breytenbach

I had a dream:
between the cliff and the sea
bulks the prison at dawn
we release you translate you
into freedom you float
Christ-like through the cell-
door robed in white to where
the wife and mother watch
and wait weaving dreams
you return:
the cell-door bangs shut
we have freed your words only
only your words walk the world

As every translation is to a certain extent also an in-terpretation, my advice to the translators was to remain as close as possible to the original, even down to retaining the original punctuation. The final results are close, even literal translations of most of the poems. But as well as giving the original meaning of the poems, each translator has attempted to give the English version the equivalent poetic quality as in the Afrikaans.

The following English or Afrikaans writers or poets have contributed: André P. Brink, Cherry Clayton, Stephen Gray, Ernst van Heerden, Denis Hirson, Rosa Keet, Leon de Kock, Sonia van Schalkwyk, Wilma Stockenström, Peter Wilhelm.

A. J. Coetzee,
University of the Witwatersrand,
Johannesburg.
May 1978

Editorial Note

Breyten Breytenbach is one of the most controversial figures in the South Africa of today.

Amongst the leaders of the Afrikaans literary establishment in South Africa there are critics who consider Breyten's poetry to be romantic, blasphemous, dangerous and too radical. They are the people who seek to guard the morals of the 'volk', who propagate a purified, safe, sane, politically 'responsible' literature. But on the other hand there are those who oppose the strictures of official censorship and to whom dictatorship of the mind is anathema. They see in Breyten a poet of supreme significance — one of the greatest in Afrikaans. The Breyten phenomenon has forcefully polarized the Afrikaner's views on literature and on politics. Few unbiased literary judgements are delivered on his work.

Breyten was born in 1939 in the small village of Bonnievale in the Western Cape, and he underwent his high school education in Wellington, near Cape Town. After studying art at the University of Cape Town for eighteen months, he left South Africa in January 1960 to travel Europe. After marrying a Vietnamese-born woman, Hoang Lien Yolande, in 1961, he settled in Paris where he became known as an artist. Since 1964 his poetry has increasingly engaged the attention of literary critics in South Africa.

Before he left South Africa, Breyten was critical of the ideology of apartheid. But his protest against the political system of his home country first became vehement when he was awarded his first important South African literary prize. He was invited to return to South Africa to accept the prize, but his wife's visa application was turned down on the grounds that she would not be considered 'white' by the South African Government, and marriage to a 'non-white' is judged 'immoral' under the law of the land.

In December 1972, his wife was granted a temporary visa for three months. They visited and toured South Africa. He recorded the impressions of this return in a travel diary, 'n *Seisoen in die Paradys* (A Season in Paradise), which has recently been published in South Africa, only after several critical and revolutionary passages had been excised from the manuscript.

He returned to South Africa once again, in August 1975; this time disguised and carrying a false passport. The purpose of his visit was the setting up of an organization consisting of white intellectuals and students that could help bring about change in the prevailing South African political system. His mission was, however, catastrophic: he was arrested, put on trial, and on 26 November 1975 sentenced to nine years imprisonment under the South African Terrorism Act.

After being kept under maximum security and in total solitary confinement for two years he was again charged — for attempting to escape. The absurdity of the charges against him was revealed at the subsequent trial in July 1977, as well as the flimsy evidence on which his first conviction was based.

No reprieve, however, seems possible.

Voetskrif (1975) (literally, foot-writing) is his most recent volume of poetry. It is a selection of poems written during his detention before the first trial. All his subsequent writings are in the hands of the prison authorities.

'Beg Yours!'

Since brass, nor stone, nor earth, nor boundless sea,
But sad mortality o'ersways their power,
How with this rage shall beauty hold a plea,
Whose action is no stronger than a flower?
O, how shall summer's honey breath hold out
Against the wrackful siege of batt'ring days,
When rocks impregnable are not so stout,
Nor gates of steel so strong, but Time decays?
O fearful meditation! Where, alack,
Shall Time's best jewel from Time's chest lie hid?
Or what strong hand can hold his swift foot back?
Or who his spoil of beauty can forbid?
O, none, unless this miracle have might,
That in black ink my love may still shine bright.

SHAKESPEARE

Bedreiging van die Siekes

vir B. Breytenbach

*Dames en Here, vergun my om u voor te stel aan Breyten
    Breytenbach,
die maer man met die groen trui; hy is vroom
en stut en hamer sy langwerpige kop om vir u
'n gedig te fabriseer   soos byvoorbeeld:*
ek is bang om my oë toe te maak
ek wil nie in die donker leef *en* sien wat aangaan nie
die hospitale van Parys is stampvol bleek mense
wat voor die vensters staan en dreigend beduie
soos die engele in die oond
dit reën die strate afgeslag en glyerig

my oë is gestysel
hulle/julle sal my op so 'n nat dag begrawe
as die sooie rou swart vleis is
en die blare en oorryp blomme gekleur en geknak is van nat
voordat die lig hulle kan knaag,   die lug sweet wit bloed
maar ek sal weier om my oë in te hok

pluk my benerige vlerke af
die mond is té geheim om pyn nie to voel nie
trek stewels aan vir my begrafnis sodat ek die modder
aan julle voete kan hoor soen
die spreeus kantel hul gladde lekkende koppe, swart bloeisels
die groen bome is prewelende monnike

plant my op 'n heuwel naby 'n dam onder leeubekkies
laat die sluwe bitter eende op my graf kak
in die reën
die siele van kranksinnige maar geslepe vrouens vaar in katte in
vrese vrese vrese met deurweekte kleurlose koppe
en ek sal weier om my swart tong te troos (kalmeer)

Kyk hy is skadeloos, wees hom tog genadig.

Menace of the Sick

for B. Breytenbach

Ladies and gentlemen, let me introduce you to Breyten
  Breytenbach
the thin man with the green sweater; he is devout
and holds and hammers at his long-drawn head to
fabricate a poem for you   for example
I'm afraid to close my eyes
I don't want to live in the dark *and* see what's going on
the hospitals of Paris are crammed with pale people
standing at the windows with menacing gestures
like the angels in the furnace
the streets are slaughtered with rain and slippery

my eyes are starched
on such a wet day they/you will bury me
when the soil is raw black flesh
and the leaves and over-ripe flowers are coloured and cracked with we
before the light can gnaw at them,   the air sweats white blood
but I shall refuse to imprison my eyes

rip off my bony wings
the mouth is too secret not to feel pain
put your boots on for my funeral so that I can hear
the mud kissing at your feet
the sparrows droop their shiny leaking heads, black blossoms
the green trees are muttering monks

plant me on a hill near a dam with snapdragons
let the cunning bitter ducks crap on my grave
in the rain
the souls of insane but clever women are possessed by cats
fears fears fears with saturated colourless heads
and I won't have my black tongue comforted (calmed)

Look how harmless he is, have mercy on him.

[S.G. & A.J.C.]

[5]

ikoon

dieper agter donker lae van velgeworde olie
plat gesmeer teen 'n houtpaneel
gloei 'n ingelegde wêreld
bewaar in sy bloed soos perskes in hul stroop

en omdat alle volbringing gesuspendeer is
is die aksie puur en rou afgeskil
tot sinlose stellings (koekoeklokke in 'n ruimteskip)

: in die voorgrond byt mense mekaar se strotte uit
die boë bloed hang verstyf in die leegte
blomknoppe sonder stingels
die pyn onder tande sal eentonig bly priem;
'n soldaat staar met peulende oë na 'n soplepel
voor sy neus; 'n wolk buig sy skouers
in versteende afwagting; 'n mier beur
teen die verswikking van sy kuite;

bo dit alles pryk 'n spykerige jesus teen 'n kruis
sonder 'n gejanfiskaalde mossie se hoop op ontbinding,
met 'n gryns tussen baardhare;

dieper agter vir ewig net buite bereik (soos marylin monroe)
rys 'n leë koel graf

icon

further behind dark layers of oil turned skin
smeared flat on a wood panel
a preserved world glows
stored in its blood like peaches in syrup

and because all fruition is suspended
the pure raw process is peeled down
to senseless statements (cuckoo clocks in a spaceship)

: in the foreground people are biting at each other's gullets
an arch of blood stiffens in space
flowerbuds without stems
the pain under teeth will keep on piercing;
a soldier stares with bulging eyes at the soup spoon
under his nose; a cloud weighs its shoulders down
in stony waiting; an ant tugs
against the straining of its calves;

above all this a spiky jesus stands out on a cross
with no more hope of decomposing
than a butcher bird's prey on a barbed wire fence,
with a sneer along his beard;

further behind for ever out of reach (like marilyn monroe)
rises an empty cool grave

[S.G. & A.J.C.]

breyten bid vir homself

Dat Pyn bestaan is onnodig Heer
Ons kan goed genoeg Daarsonder leef
'n Blom het nie tande nie

Dood is wel die enigste vervulling
Maar laat ons vleis nuut soos vars kool bly
Maak ons vastig soos 'n vis se pienk lyf
Laat ons mekaar bekoor met oë diep skoelappers

Begenadig ons monde ons derms ons harsings
Laat ons gereeld die soet aandlug smaak
In lou seë swem, met die son mag slaap
Rustig op fietse ry die blink Sondae

En geleidelik sal ons wegvrot soos ou skepe of bome
Maar hou Pyn vér van My o Heer
Sodat ander dit mag dra
In hegtenis geneem sal word, Verbrysel
                              Gestenig
                              Gehang
                              Gegésel
                              Gebruik
                              Gefolter
                              Gekruisig
                              Ondervra
                              Onder huisarres geplaas
                              Die kromme note mag haal
Tot dowwe eilande verban tot die einde van hul dae
Wegkwyn in klam gate tot groen slymerige smekende bene
Hul koppe vol spykers, maaiers in die mae
Maar nie *Ek* nie
Maar ons nooit Pyn gee of klae

breyten prays for himself*

There is no need for Pain Lord
We could live well without it
A flower has no teeth

It is true we are only fulfilled in death
But let our flesh stay fresh as cabbage
Make us firm as pink fish
Let us tempt each other, our eyes deep butterflies

Have mercy on our mouths our bowels our brains
Let us always taste the sweetness of the evening sky
Swim in warm seas, sleep with the sun
Ride peacefully on bicycles through bright Sundays

And gradually we will decompose like old ships or trees
But keep Pain far from Me o Lord
That others may bear it
Be taken into custody, Shattered
                    Stoned
                    Suspended
                    Lashed
                    Used
                    Tortured
                    Crucified
                    Cross-examined
                    Placed under house arrest
                    Given hard labour
Banished to obscure islands till the end of their days
Wasting in damp pits down to slimy green imploring bones
Worms in their stomachs heads full of nails
But not *Me*
But we never give Pain or complain

[D.H.]

[9]

stukkende gedig

'n selfbeklag

om 'n gedig te kan skryf 11-uur in die môre in die winter
oor niks, behalwe die koue wat buite sigbaar is
en die behoefte in die derms en die gebrek aan blomme
en die droë ooglede, niks van agter en niks van voor
net hierdie bepaalde tydstip wat net is
omdat dit nou is
om die mure te kan teken
om die kop te kan omskryf
om die oomblik te kan definieer

laat ons die saak deurdink
die ontbinding van vesels en bloed talm nie
verspeel nie jou tyd nie
wat was jou groot voornemens?
of is jou bestaan nou slegs 'n proses van skikkings?
wat soek jy hier
sonder die ekskuus van jongelingskap
in kamer no. 35 rue du Sommerard Parys (5)
om 11.50 die 12de Desember 1963?
en wat is jy van plan om te doen?

want ander wêrelde ander moontlikhede eksisteer mos
'n wit boot dryf oor die blou see met die son in sy seile
iewers swem iemand onder water tussen muwwe ryke
iewers skoffel iemand met 'n groen hoed op tussen rose
iewers sleep 'n koets sy stofstreep deur 'n kloof
iewers skyn die aalwyne
iewers ruik mens vars koejawels
iewers loop mense in 'n paadjie oor 'n rand

iewers bepeins iemand die growwe rug van 'n spinkaan
iewers sit en vroetel iemand op 'n solder
iewers neurie 'n monnik 'n lofsang aan sy meester

[10]

broken poem

a self complaint

to write a poem at 11 o'clock in the morning in winter
on nothing, except the cold you can see outside
and the need in the guts and the lack of flowers
and the dry eyelids, nothing behind and nothing in front
just this particular moment which simply is
because it is now
to be able to draw the walls
to describe the head
to define the moment

let's think this thing through
the decay of fibre and blood doesn't hold up
don't waste your time?
what were your grand resolutions?
or is your existence now only a matter of compromise?
what are you looking for here
without the excuse of being young
in room no. 35 rue du Sommerard Paris (5)
at 11.50, 12th December, 1963?
and what are you planning to do?

because other worlds other possibilities exist you know
a white boat drifts on the blue sea with the sun in its sails
somewhere someone is swimming underwater between mouldy
    empires
somewhere someone in a green hat is hoeing between roses
somewhere a coach is trailing dust through a kloof
somewhere the aloes are shining
somewhere some are smelling fresh guavas
somewhere people are walking up a footpath over a ridge

somewhere someone contemplates the rough back of a locust
somewhere there's someone fiddling about in the attic
somewhere a monk hums a hymn in praise of his master

wat soek jy hier
die verval van lyf en drome draai voort
vryf oor jou oë en oogbanke en diep die diepste reëls op
al glo jy dan nie in 'n siel nie
ontrafel ten minste die frases wat in jou donkerste wese eggo
en breek hierdie moment oop in 'n stom kreet

what are you looking for here
the collapse of body and dreams is spinning ahead
rub your eyes and the ridge of your brow and dig out the deepest lines
even if you don't believe in a soul
at least unravel the phrases that echo in your darkest being
and break this moment open in a dumb cry

[E. v. H.]

Die Gat in Die Lug

vir ons huis

my huis staan op hoë bene
ek woon in die solder
hoe-hoe
en ek is gelukkig hier

stook die vuur
blaas op my fluit
as daar 'n besoeker kom
klop hy aan die deur
ek maak die venster oop
en die son kom drink
met 'n helder tong
aan die wyn in my glas

ek kan nie kla nie
soms kyk die reën duisende oë
teen die ruite
maar kry nie vastrapplek nie
en die paddavissies gly grond toe

ek het stoele en 'n tafel
boeke en lemoene
'n vrou
en 'n bed wat soos spiere om my vou

saans is my huis 'n sterrewag
daar hou 'n koets voor die lens stil
en 'n marsman klim uit
kom-kom
ek krap in my lies
en laat wind in my skoene
nee dankie, ek is gelukkig hier

[14]

Hole in the Sky

to our house

my house stands on high legs
I live in the attic
hoo-hoo
and I'm happy here

stoke the fire
blow on my flute
when a visitor comes
he knocks at the door
I open the window
and with a bright tongue
the sun comes sipping
the wine in my glass

I can't complain
sometimes the rain looks a thousand eyes
at the panes
but finds no foothold
and the tadpoles slip to the earth

I have chairs and a table
books and oranges
a wife
and a bed that enfolds me like muscles

in the evening my house is an observatory
a coach stops before the lens
and a Martian descends
come-come
I scratch my groin
and let air into my shoes
no thanks, I'm happy here

stook die vuur
blaas die fluit
ek gooi my hande uit
skreeue duiwe galop deur die lug:
gaan vertel al die politici
en ander idiote
my lewe is doelloos
soos 'n graf, of 'n gat in die lug
maar ek is gelukkig hier

smôrens is my huis 'n boot
ek staan in die boeg
met skietlode van vingers
om die onbekende kus te peil
die bene bome in die jaart
glans verby die patryspoort

die boom:
die boom kry rooi blare
en die blare eiers
en die eiers word vuiste
en verveer en sterf
soos ou bloedrose,
maar my huis is stewig
ek loop daarin rond
soos 'n tong in sy mond
verrot tonge?
verwelk die graat?
en die bene word muf?

a die aarde bewe
die mure skyn deur
die vloer breek oop: vrugte
my deure is hees
my vensters gaap
my wyn word suur
dit sneeu in die somer
die reën dra brille
                en nou klein roos hande
maar ek is gelukkig hier

[16]

stoke the fire
blow the flute
I open my hands
shouts of doves canter through the air:
go and tell all politicians
and other idiots
my life is aimless
like a grave, or a hole in the sky
but I'm happy here

in the morning my house is a boat
I stand at the prow
with plummets of fingers
to plumb the unknown coast
the tree-legs in the yard
glisten past the port-hole

the tree:
the tree grows red leaves
and the leaves eggs
and the eggs become fists
and moult and die
like old blood roses,
but my house is sturdy
I walk around in it
like a tongue in its mouth
do tongues rot?
does the fishbone wither?
and the legs become mouldy?

ah the earth is trembling
the walls become translucent
the floor breaks open: fruit
my doors are hoarse
my windows gape
my wine turns sour
it's snowing in summer
the rain wears specs
                and now small rose hands
but I'm happy here

                                        [E. v. H.]

[17]

Die Miskruier

Het u al ooit 'n wit tor gesien?

Ek ook nie

Maar dis 'n verskriklike dier
Soos 'n sendeling in Afrika
Met sonhelm en donkerbril

Wit torre woon in ligte kamers: kamoeflage
En skarrel klonte son teen die muur
Op,
Oppas die wit tor dra sy angel/flessie gif

Hou my dop, kyk ook
Elke aand sorgvuldig onder u bed

Dung-beetle

Anyone here ever seen a white beetle?

Neither have I

But it's a terrible creature
Like a missionary in Africa
with helmet and dark glasses

White beetles live in bright rooms: camouflage
Scampering lumps of sunlight on the wall
Up,
Beware the white beetle with its sting/its poison flask

Keep your eye peeled, do be sure
to look carefully under your bed at night

[A.P.B.]

Hardlywigheid

'Niemand het nog ooit geskryf, geskilder, gebeeldhou,
geboetseer, gebou of uitgevind behalwe om pad te gee uit die hel.'
Artaud in verwysing na Van Gogh

Want alle ware digkuns is wreed
                    dis nie 'n spreeu nie
sê Antonin Artaud iewers
in 'n opstel oor die mislukking van Coleridge
of elders in 'n aftakeling van die sukses van Van Gogh
mislukking en aftakeling relatief
relatief tot die tong van Artaud
        want hy 't nie 'n siel gehad nie
        maar 'n groot mond sonder tande
        wat soos 'n tuig om die tong kon pas

Nie dat Coleridge tot die garde verdoemde poëte behoort nie
        sê hy
die uitgeworpenes wat op 'n gegewe moment daarin slaag
om 'n waksagtige poep van afgryslike pyn
deur die tonnel en draaihekke van bloed te baar
        en daar stem ek saam
want wat is 'n gedig
anders dan 'n swart wind?

Miskien is dit wat Artaud wou sê
dat sy lyfeie anus beslaan was met tande
waaruit spreeus kon ontsnap
                    maar die kraaie het bly nes
om die tonnels en draaihekke en wagkamers van bloed
                                te verslind

Coleridge vaar die oseane plat op soek na die wit
                            van 'n albatros
en dié ideaal is dood
Van Gogh se vrese vlieg soos swart roofvoëls
                    oor die branders met oë van koring

[20]

Constipation

'No one has ever written or painted, sculpted, modelled, built,
invented except to get out of hell.'
Artaud referring to Van Gogh

For all true poetry is cruel
                              it's not some sparrow
says Antonin Artaud somewhere
in an essay on the failure of Coleridge
or elsewhere in breaking down the success of Van Gogh
failure and decline relative
relative to the tongue of Artaud
          for he had no soul
          but a large mouth without teeth
          that could fit a harness to the tongue

Not that Coleridge doesn't belong to the school of damned poets
          he says
the outcasts capable of ejecting at a given moment
a waxy fart of hideous pain
through the tunnel and turnstile of blood
          and there I agree
for what is a poem
other than a black wind?

Perhaps that is what Artaud wanted to say
that the anus of his own flesh was shod with teeth
from which sparrows could escape
                              but the crows stayed to nest
to devour
the tunnels and turnstiles and waiting rooms of blood

Coleridge travelled the oceans flat in search of the white
                                        of an albatross
and that ideal is dead
Van Gogh's fears fly like black birds of prey
                              over the waves with eyes of corn

[21]

en hy sterf met 'n koeël in die buik
Artaud sper sy kake wyd
die swart en dik kraai worstel in sy nes
en vrek sonder om 'n tand te kan lê

Ekskresie vlieg nie
                    en ekskreseer nie

FORMENTERA, 10 AUG. 1966

and he dies with a bullet in the belly
Artaud opens his jaws wide
the black and flabby crow tussles in his nest
and dies without being able to lay a tooth

Excrement doesn't fly
                   and doesn't excrete

FORMENTERA, 10 AUG. 1966

[A.J.C.]

Testament van 'n Rebel

gee my 'n pen
sodat ek kan sing
dat lewe nie verniet is nie

gee my 'n jaargety
om die lug oop in die oë te kyk
as die perskeboom sy volheid wit braak
gaan 'n tirannie te grond

laat die moeders huil
laat die borste opdroog
en die skote verdor
as die skavot oplaas speen

gee my 'n liefde
wat nooit vrot tussen die vingers
gee my 'n liefde
soos ek jou 'n liefde wil gee

gee my 'n hart
wat aanhou klop
klop sterker sal klop as die wit klop
van 'n bang duif in die nag
harder sal klop as bitter koeëls

gee my 'n hart, 'n klein bloedfabriek
wat bloeisels van vreugde
kan spuit
want bloed is soet is mooi
is nooit verniet of vals nie

ek wil sterf voordat ek dood is
as my bloed nog vrugbaar
en rooi is
voordat twyfel se swart moer sak

[24]

Testament of a Rebel

give me a pen
so that I may sing
that life is not in vain

give me a season
to look openly into the eyes of the sky
when the peach-tree vomits its fullness in white
a tyranny goes down to earth

let mothers lament
let breasts dry up
and wombs shrivel
when at last the stake weans its offspring

give me a love
that will never rot between the fingers
give me a love
like this love I want to give you

give me a heart
that will go on beating
beating more strongly beating than the white beat
of a terrified dove in the dark
beating more loudly than bitter bullets

give me a heart, a small blood-factory
to spout
blossoms of bliss
for blood is sweet is beautiful
is never needless or in vain

I want to die before I'm dead
while my heart is still fertile
and red
undarkened by the black sediment of doubt

gee my twee lippe
en helder ink vir my tong
wat die aarde een groot liefdesbrief
kan volskryf van melk

wat dag vir dag soeter sal staan
en al die bitterheid besweer
wat soos die somer soeter sal brand

laat die somer dan kom
sonder blinddoeke of rawe
laat die skandpaal die perskeboom tevrede
sy rooi vrugte gee

en skenk my 'n minnelied
van duiwe van voldoening
sodat ek kan sing uit my uier
dat my lewe nie verniet was nie

want soos ek tot oop oë sterf
so sal my rooi lied nooit sterf nie

give me two lips
and clear ink for my tongue
to cover the earth one vast love-letter
inscribed in milk

becoming sweeter day by day
exorcizing all bitterness
burning more sweetly, summer-like

let summer come then
without blindfolds or ravens
let the pillory of the peach-tree be content
to yield its red fruit

and grant me a song of love
of doves of satisfaction
so that I may sing from my udder
that life has not been in vain

for as I'm dying into open eyes
my deep red song will never die

[A.P.B.]

Soos gebluste kalk

my blus is uit
ek moet eenkant toe staan
dis reën wat op die dak neerslaan
en die hart uit sy klopsak water skeur
die oor onttrek hom druppend aan klank

wat ek met my hart nie kon voel nie
kon ek met my kop nie bewys nie
wat weet ek van my land met sy probleme
wat as sy bome verskroei
(hoe ontstoke kon ek nie wees nie)
ek glo nie in sy toekoms nie
en ek weet sy verlede ontbind in stank
en onthou aldag minder van sy taal
dis reën wat op die dak neerslaan

reën is bekering
en reën is wéét
en reën is die afgryslike afstomp van klinkers
en reën is senuweedrade afgebind is sinkers

nou weet ek van nóg berg nóg wind
ek hoor te min om saam te kan sing
in die koor
buitendien die hart het sy skille en trots verloor
dis reën wat op die dak neerslaan

ek is nóg is nóg is nie
menere ek staan tot beskikking en kaal
vir wie ook al die meeste kan betaal
wie die reën van my ore kan weer
wie my wys hoe knap mens met vingers kan besweer

Like slaked lime

my fire is slaked
I must stand to one side
it's rain that strikes against the roof
and tears the heart from its pulsing bag
the ear withdraws itself dripping with sound

what I couldn't feel in my heart
I couldn't resolve in my head
what do I know of my land and its problems
what of its trees that scorch
(how intensely I could feel)
I don't believe in its future
and I know that its past decomposes in a stench
and each day I remember less of its language
it's rain that strikes against the roof

rain is repentance
and rain is knowledge
and rain the abhorrent blunting of vowels
and rain is nerve-fibres bound lead sinkers

I know nothing now of mountain or wind
I hear too little to be able to sing along
in the choir
besides the heart has lost its shells and pride
it's rain that strikes against the roof

I neither am nor am not
gentleman I stand attentive and stripped
for whoever can pay the most
for whoever can keep the rain from my ears
and show me how cunningly fingers can conjure

dis reën wat oor die hemel staan
my baklei is uit my vurigheid gedaan
dis reën wat nuwe blare laat groei
dis afskuwelikste ore aan bome
naels aan 'n lyk

alles swel toe:
dis ook 'n droogte, maar so
kan mens jou in die stilte van jou binne-oor
vereenselwig met 'n self —
jou klein dowe ek luister in die oor

it's rain that leans across the sky
I've no more fight my fire is doused
it's rain that gives life to new leaves
grows more repulsive ears on trees
nails on corpses

all things swell shut:
enclosing a dryness, so that
in the stillness of the inner ear
one can be coupled with a self—
your small deaf self listens in the ear

[D.H.]

Wit Vinke

in die winter snork mense reeds om sewe-uur
met nagmusse soos eilande
of wagters teen die duiwels van die nag —
hoe kan ek my beelde in ander se borste roep?

alles word kleiner in die donker
woorde is donker
woorde is nagte en vreemd

die mufwit sillabes
val in plastieksakkies sneeu,
ek loop uit in die woord
en skryf in wit op elke ruit

VRYHEID. GELYKHEID. BROEDERSKAP.

daar kom die dag reeds
soos 'n bloeiselende boord,
mense onder slaapmusse kom vee
die sneeu woordeloos

White Weaver-birds

in winter people snore at seven
with nightcaps like islands
or watchmen for the devils of the dark—
how can I conjure my images for others?

everything dwindles in the dark
words are dark
words are unfamiliar nights

the scurf-white syllables
fall in plastic bags of snow,
I walk out into the word
and trace in white on every pane

LIBERTY. EQUALITY. FRATERNITY.

the day hurries in
like a springtime orchard,
people in nightcaps wipe
the snow silent

[C.C.]

Ons Sal Oormeester

vir Yousef Omar

'John Brown's body lies a-rotting in his grave.'

'n man loop rustig op sy bene in die gras
in 'n negatief wat te lank blootgestel
                    was aan die lig
maar hy wéét onder sneeu lê die land, sy land,
                    wurmryk en swart

hy draai 'n druppel bloed styf toe in 'n lap,
iewers tussen al die kots en die kak
sal hy dit bêre,
vir later

sy hart is 'n klont vrees,
die man is nie 'n held nie,
hy weet hy sal moet hang
omdat hy dom is
en wou glo

voor die muur neem hy afskeid
van sy bene in die gras,
hy gee sy hande aan sy beul,
sy harsings aan 'n dooie hoop

ses-uur as die dag aborteer
sal die galg hom stroop
en suiwer tot die geel drie-eenheid
van twee belle bene
en 'n voël sonder veer

gelukkig is dit slegs 'n skommelende vers
stywe woorde
in 'n boek

[34]

We shall overcome

for Yousef Omar

'John Brown's body lies a-rotting in his grave.'

a man walks calmly on his legs in the grass
in a negative exposed too long
                in the light
but he knows the land, his land, lies under snow,
                    rich with worms and black

he wraps a drop of blood tightly in a rag
somewhere between all the vomit and the crap
he will keep it
for later

his heart is a clot of fear
the man is not a hero,
he knows he'll have to hang
for he is stupid
and wanted to believe

in front of the wall he bids farewell
to his legs in the grass,
he gives his hands to his executioner
his brains to a dead heap

at six when the day is aborted
the gallows will strip him
and true to the yellow trinity
of two dangling legs
and a bird without feathers

fortunately this is only a swinging verse
stiff words
in a book

[E. v. H.]

Die swart stad

weer jou veral teen die bitterheid, swart kind,
dit, en dat jy nie mag droom nie;
sorg dat jy nie verstik in rooi oë — gevis in slopemmer,
dat jou liggaam nie dik en galsterig word van die gal
wat pal deur jou fosfor-are gaan stoot
(tussen lyf en lyk dryf maar net twee letters sonder o);
knip en kam liewer gereeld jou papajaboom
en onthou die wolke tree op ook vir jou
en rotte eet vullis

ek wil onthou van 'n·swart stad, swart kind
waar ook jy aan die somber lig swel;
seemeeue dans soos rooi ballonne bo die strand,
jy kan ook lag en ook uitbundig,
ook die water streel en dorpe sand bou
ook op en af hardloop langs honderde grappe

waak veral teen die slymerige swart papaja
van bitterheid, swart kind —
hy wat daarvan eet sterf op bajonette
en in biblioteke,
sterf alleen in die mond

kyk, oor die see gaan die son gebore word
en die son het 'n regterhand en 'n linkerhand
en hy sal bruin wees,
so warm en so bruin soos die kieliekele van hane

LOURENÇO MARQUES

The black city*

above all guard yourself against bitterness, black child,
this, and that you are not allowed to dream;
take care not to choke in red eyes — fished in slop-pail,
not to let your body grow thick and rank from the gall
that will push on and on through your phosphorous veins
(between the cradle and the coffin there's only a screw);
rather cut and comb your papaw tree constantly
and remember the clouds perform for you too
and rats eat rubbish

I want to remember a black city, black child,
where you too swell in the sombre light;
seagulls dance like red balloons above the beach,
you too can laugh and live it up,
can fondle the water and build towns of sand
run up and down among hundreds of jokes

above all watch out for the slimy black papaw
of bitterness, black child —
he that eats of it dies on bayonets
and in libraries,
dies alone in the mouth

look, over the sea the sun will be born
and the sun has a right hand and a left hand
and he'll be brown,
as warm and brown as the tickle throats of cocks

LOURENÇO MARQUES

[L. de K. & S. v. S.]

[37]

Tot siens, Kaapstad

swart ondier met jou rug op 'n hoop: berg
heuwels wit stene in 'n doodskleed: stad
tafeldoek van fyn oosterse satyn: see
bergvesting   ewige halfwegstasie   jong begraafplaas
holtedier   bruidskat
as iemand my dit sou gun soek ek buite jou mure
na 'n Jonasboom
as jy 'n vrou was sou ek uit oor die geure
van jou pokvel en klotskliere kon wei
lieflike oerhoer
slet flerrie sloerie feeks
maar jy is nie eens 'n moeder nie
jy's 'n selfmoord in aborsie
spuitwonde water tussen kaai en dye van hierdie boot
mý kaap, menskaap, kaaplief, hartkaap
ek wou jou tot 'n fluisterende roos sing
maar jy het mond en tong gebly

jong trekarbeider vol stof en roet: stad
lugbore gate hyskrane wetgewers: berg
skerwe van 'n wynbottel na 'n treurspel se gefuif: see
van 'n afstand nou gereduseer tot 'n panteïstiese
   geklank
met een lang arm om Kampsbaai
en die Maleierbuurt aan die galbitter tet
so het ek jou lief
soos ek jou gedroom het
skimmelende roos aan die been van die volk
mykaap, godkaap, liefkaap, kaaphart
ek wou jou tot 'n singende mond sing
maar jy het wond gebly

Goodbye, Cape Town*

black beast with your back in a heap: mountain
hills of white stones in a shroud: city
tablecloth of fine oriental satin: sea
mountain fort   perpetual halfway station   young cemetary
holed-up creature   dowry
if someone would grant it me I'd search beyond your walls
for a Jonah tree
if you were a woman I'd elaborate on the smells
of your pocked skin and gurgling glands
lovely arch-whore
slut flirt hell-cat bitch
but you're not even a mother
you're an abortive suicide
gushing wounds of water between the quay and the flanks of this boat
my cape, man's cape, capelove, heart's cape
I wanted to breathe you into a full blown rose
but you stayed just a mouth and a tongue

young migrant worker covered in dust and soot: city
air-drills holes cranes legislators: mountain
bits of a wine bottle from a sad binge: sea
from a distance now reduced to a pantheistic
    clamour
with one long arm around Camp's Bay
and the Malay quarter at the most bitter teat
that's how I love you
as I have dreamed you
rose of rotting flesh on the people's leg
my cape, godcape, lovecape, capeheart
I wanted to sing you into a singing mouth
but you stayed a wound

fraaiste kaap in die hele omtrek
geelste son in die heel halfrond
blouste wind in watter land ook
beskawingswrak met jou rotte nog aan boord
en die dood in die water
mýkaap, kaapgod, menskaap, hartlief
onttrek jou nou tog heeltemal
versluier in die sprankeling van traangrys pêrels
maar ek sal my oë terug stuur
oor seisoene se spergebiede en afstande se lugkannone
in die oorgehaalde kele van seemeeue
om diep en rou in jou mosselskulp-oogkaste te
    bombardeer
jou wou ek tot 'n wond aan die wind opbring
en jy het kaap bly bly

AAN BOORD DIE S.S. *IMPERIO*, 15 FEB. 1967

fairest cape in all the world
brightest sun in all the hemisphere
bluest wind in no matter where
wreck of civilization with your rats still on board
and death in the water
my cape, capegod, man's cape, heart's love
pull away now and leave me
veiled in the sparkle of tear-grey pearls
but I'll send back my eyes
over seasons of forbidden zones and the gunfire of distances
in the loaded throats of seagulls
    to bombard
deep and raw into your musselshelled eye-sockets
you I wanted to bring up a wound to the wind
but you stayed you stayed the cape

ON BOARD S.S. *IMPERIO*, 15 FEB. 1967

[S.G. & L. de K.]

Septembersee

vir Basjan

'C'est un dur métier que l'exil.'
Nazim Hikmet

van baie reis
word die hart stom en waterswaar
soos 'n seeskilpad
wat op afgeleë strande haar geometries volmaakte eiers
in sand begrawe
om weer waggelend weg te swem die groot blindernis in
—en wie lees ooit die woorde as hul doppies nog sag is?

hier is ook 'n see:
oor die einder kraal 'n vissersboot —
'n druppel aan die wimper van 'n groen oog —
maar dis 'n ander, platter see,
'n see sonder tornyne 'n see sonder skop

onthou jy nog
—ek dink dit was in Kaap Agulhas —
die lang geel kwas van die lighuis op die punt
vee gereeld, so klopritmies soos ons vaak
en die posboot vér in die baai
se stil bloedpyl teen die aand se lug
op weg na so 'n vreemde wieweetwaar?

onthou jy hoe die witmaan-hoë branders
flink agtermekaar
soos muilspanne op 'n skou
af kon donder op die Strand se sand,
onthou jy hoe ons branders gery het
met ons baaibroeke ons monde vol sand?

September sea*

for Basjan

'C'est un dur métier que l'exil.'
Nazim Hikmet

from a lot of travelling
the heart grows mute and water-logged
like a sea-turtle
that buries her geometrically perfect eggs in sand
on remote beaches
only to waddle and swim away again into the great blindness
— and whoever reads the words when their shells are still soft?

here there's also a sea:
a fishing boat dots the horizon —
a drop on the lash of a green eye —
but this is another, flatter sea,
a sea without porpoises a sea without kick

do you still remember
— I think it was at Cape Agulhas —
the long yellow brush of the lighthouse at the point
sweeps regularly, beats the rhythm of our sleepiness
and far in the bay the mailboat's
silent arrow of blood against the evening sky
on the way to such a strange who-knows-where?

do you remember how the high white-maned breakers
one after the other
like brisk mule teams at a show,
could thunder down on the beach of the Strand,
do you remember how we rode the breakers
our costumes our mouths full of sand?

onthou jy nog
daardie perspens aande
tussen rietbosse en skimmelsee
as die eerste rokies lugwaarts sê
in Struisbaai
hoe seer ons lywe velaf was
hoe die haai ons opgevreet het?

onthou jy nog
—dalk was dit winter—
saam met pa in Hermanus
daardie indigo-diep en wonderblou woelige see
wat deur spuittuite uit die rots 'n wit ekstase
hoog kon geluid
en hoe pa met sy oë uitgehang onder die hande
gesê het "die wit perde galop"
sodat ons die steierende gerunnik kon hóór?

. . . maar wat baat dit my . . .
onthou jy nog . . . onthou tog mooi
want nou moet jy onthou vir twee
—want ek,
op al my reise na die wieweetwaar
het net onuithoubare onthoudae kon tooi;
'n hooggety

selfs hier is ook strande al is hul van klip
en soms slaptong branders om my weemoed te bespot,
spoel onherkenbare wrakke teen die land se lip,
loop ménse rond met die boude afgeglip op die enkels
en verby steil kranse waar ook turksvye groei
—soos kinderhofies so rooi—
reis ek elke dag verder na 'n ander hou-onthou,
onthou tog mooi

[44]

do you still remember
those purple-tummied evenings
between reed bushes and dappled sea
when the first whisps of smoke told the sky
at Struisbaai
how sorely our bodies were grazed
how the shark chewed us up?

do you still remember
—maybe it was winter—
with dad in Hermanus
that indigo-deep and wonderblue restless sea
that could sound a white ecstasy loud
through spouting teats in the rock
and how dad, his eyes hanging out under his hands,
said 'the white horses are galloping'
so that we could hear them snort as they reared?

. . . but what does it mean to me . . .
do you still remember . . . please remember well
because now you must remember for two
—because I,
on all my journeys to the who-knows-where
could only have prettied up unbearable remembered days;
a high tide

even here there are beaches, though of stone
and sometimes slack-tongued waves to mock at my sadness
wash unrecognizable wrecks against the land's lip,
here the people walk around with bums slipping to their ankles
and past steep crags where prickly pears grow too
—just as red as children's heads—
every day I travel further to another keep-remembering,
please remember well

vanaand sal ek swanger van leefskuim
strandop waggel en 'n graffie graaf vir my toekomstige
   kroos,
om my vergete in te lê;
vir nog 'n dag-aan-see:
'n mondjievol bitter
windgat troos

PAESTUM

tonight impregnated with life-foam I'll
totter up the beach and dig a grave for my future
    offspring,
to bury and forget me;
for another day at sea:
a mouthful of bitter
brass-arsed comfort

PAESTUM

[L. de K. & S. v. S.]

In exile from exile

skaam tree heuwels en hompe na voor uit die nag
'n varser lig kom gryp voëls en motors
wat reeds die flardes van 'n oggendgesang deur howe
   en skagte
deur strate na strate propageer
en die stank van verterende fabrieke
—draai ten minste die geheue aan gedagtes na die
   heilige land
om klein en rooi te bid soos onbevrugte bloeisels

die dae word traag al ouer al blinker
lê 'n lagie vet oor elke muur
ook die liggaam se wandelgange stoot vol
van 'n somerse rypheid die volgroeide volte
van 'n gekastreerde kat
deursigtige drome suur gaatjies uit iedere uur

—draai ten minste die herinnering van verbeelding na
   die heilige land
van skitterwit berge oor dynserige skappe
waar wit seë luister na dorpies en vrede
en vyf sonne lig so wit soos mensesaad oor wind
oor wonings stort
op daardie aarde so duister en genotvol aan die
   nooitheid van hede
om 'n lewe om te bid
vir hemelse bloeisels swart pokke aan bome

In exile from exile

shyly out of night hills and hunks come forward
a fresher light grips birds and cars
that already propagates the tatters of a morning song through courts
    and shafts
through streets on streets
and the stench of digesting factories
— at least turns the memory to thoughts of the
    Holy Land
to pray small and red like unpollinated blossoms

the days become sluggish older shinier
lay a layer of fat over every wall
the body's passageways too steam full
of a summer's ripeness the full-grown fullness
of a castrated cat
transparent dreams sour holes out of each hour

— at least turn imagination's reminder to
    the holy land
of sparkling white mountains over hazy scapes
where white seas listen to towns and peace
and five suns pour light as white as human seed over wind
over homes
on that earth so obscure and delightful in the
    neverness of present
a life praying
for heavenly blossoms black pox on trees

[L. de K. & S. v. S.]

Luistervink

vir Stephen L.

jy vra my hoe dit is om in ballingskap te leef, vriend —
wat sal ek dan sê?
dat ek te jonk is vir bittere verset
en te oud vir wysheid of berusting
by my Lot?
dat ek tog net een van vele is,
die onaangepastes,
die heerskare van uitgewekenes, verlooptes,
burgers van die duister se derms,
een van die 'Franse met 'n spraakgebrek'
of selfs dat ek my tuis voel hier?

ja, maar ook dat ek nou die kamers van eensaamheid herken,
die bevuiling van drome, die oorblyfsels van herinneringe,
'n viool se dun gekerm
waar oë vér altyd vérder kyk,
ore tjoepstil na binnetoe luister
— dat ek ook soos 'n bedelaar
bid vir die aalmoese van 'nuus van die huis,'
vir die genade van 'onthou jy,'
vir die erbarming van 'een van die dae'

maar ek onthou nie,
liedere het vervaag,
gesigte sê niks,
drome is gedroom
    en soos in die wierhare van 'n vrou in liefdesoeke
verlaat jy jou in 'n skuifelende massa anonimiteit
van vroegverouderde rewolusionêre,
van digters sonder taal en blinde skilders,
van briewe sonder tyding net soos seë sonder getye,
van hulle wat stik in die kindsheid van verlange,
van hulle wat geeste oproep uit die wierook,
landskappe optower uit die tonge,
die wete van die self opgooi

[50]

Eavesdropper*

for Stephen L.

you ask me how it is living in exile, friend —
what can I say?
that I'm too young for bitter protest
and too old for wisdom or acceptance
of my Destiny?
that I'm only one of many,
the maladjusted,
the hosts of expatriates, deserters,
citizens of the guts of darkness
one of the 'Frenchmen with a speech defect'
or even that here I feel at home?

yes, but that I now also know the rooms of loneliness,
the desecration of dreams, the remains of memories,
a violin's thin wailing
where eyes look far and always further,
ears listen quietly inward
— that I too like a beggar
pray for the alms of 'news from home',
for the mercy of 'do you remember',
for the compassion of 'one of these days'

but I do not remember,
songs have faded,
faces say nothing,
dreams have been dreamt
    and as if you're searching for love in a woman's seaweed hair
you forget yourself in a shuffling nameless mass
of early-ageing revolutionaries,
of poets without language and blind painters,
of letters without tidings like seas without tides,
of those who choke of the childishness of longing,
of those who call up spirits from the incense,
conjure up landscapes on their tongues,
throwing up the knowledge of self

[51]

—moet ek ook 'n dieper wending gee?
dat ons almal net ballinge is van die Dood
om binnekort 'huis toe' te mag gaan?

nee, want nou begin ek, tastend met afgevrotte hande
hulle wat voor ons hier was verstaan
en ek vra jou net
in die naam van wat jy vra
      om goed te wees vir hulle wat ná ons kom

PARYS, PAASFEES 1968

—must I too give a deeper meaning?
that all of us are only exiles from Death
soon to be allowed to 'go home'?

no, for now I begin, groping with hands rotted off
to understand those who were here before us
and all I ask of you
in the name of what you want to know
        be good to those who come after us

PARIS, EASTER 1968

[E. v. H.]

Die bloed aan die deurposte

ou digter
kom
breek die ongesuurde brood
neem die water
dis jou maaltyd van verligting

jy vra
wagter op die stad se mure
regter van die ongetelde ure
wanneer val die dag weer oop?

weet dan
iewers elders is dit altyd dag
net jy is blind
en die skaduwees wat ons wêreld verstop
is heuwels
is voëls

die krap bars uit sy pantser
laat die kanker uit jou blom
gooi jou siel op
néém jou eie dood
want witter as sneeu nog witter
as die eerste dagbreek
sal jou bloed jou was

kom
wees paaslam
gee my jou afgestompte hand
buig
herkén die oplase swart roos
en sê
te hel met die hele ou kasarm
en sterf dan uit jou vrees uit
úít

The blood on the doorposts

old poet
come
break the unleavened bread
take the water
it's time for your food of relief

you ask
watcher on the city's walls
judge of the uncounted hours
when will day break open again?

you must know
somewhere elsewhere it's always day
only you are blind
and the shadows that clog our world
are hills
are birds

the crab breaks out of his armour
let the cancer flower out of you
throw up your soul
take up your own death
because whiter than snow still whiter
than the first dawn
your blood will wash you

come
be the paschal lamb
give me your stumped hand
bow
know the final black rose again
and say
the whole bloody lot be damned
and then die straight out of your fear
out

want digter
ek sal klippe oor jou maanbed pak
so wit soos verse
nog witter as die bakens van jou reis
dat die giftige skemerreën
nie jou bene verkleur nie
dat die voëls van die heuwels
nie aan jou wurms verstik

ou digter
kom
smeer die bloed aan die deurposte
jou verlossing is op hand
wees bly

because poet
I shall pile the rocks on your moonbed
as white as poems
whiter still than the landmarks of your journey
so that the poisonous rain of twilight
may not discolour your bones
that the birds of the hills
may not choke on your worms

old poet
come
smear blood on the doorposts
your deliverance is at hand
be glad

[E. v. H.]

Asiel

por el "C"

1.
eers het die naastes gate in jou geskiet
en die skelm spinnekop van die nag
hy wat in elke hoek van elke kamer wag
het déúr hierdie rooi dagbreekpoorte geswerm
en sy ragblink sleepstreep het jou are verstik

die bloed syg vir ewig in die grond
die gebreekte liggaam lê, obseen
verkrag, in 'n krip, in 'n stal
die lippe gryns — wou hul 'oulaas' sê?
die tande is 'n oopgetrapte hek
'n afgetakelde wal
die oë is oop maar daar is niks om te sien nie
klein wagposte van 'n onbewoonde ryk
twee bye in die heuning en die lig versteen
die asem huiwer ver iewers tussen voëls in bome
en die lyk is reeds gebalsem
met die erotiese parfuum van verrotting —
jy word 'n web van skitterende been . . .

kom kwyl die gate weer toe
maak die liggaam tog asemdig
en spin 'n sluier voor ons oë
sodat ons nooit mag sien hoe 'n held sterf
hoe die geheime van sy karkas deur sterflinge betrag word nie

Asylum

por el 'C'

1.
at first those closest to you shot holes in you
and the sly spider of the night
he who waits in every corner of every room
swarmed right through these red doors of daybreak
and the trail of shiny thread choked your veins

the blood sinks for ever into the ground
the broken body lies, obscene
raped, in a manger, in a stable
the lips grin — did they want to say a last 'goodbye'?
the teeth are a trampled gate
a broken-down wall
the eyes are open but there's nothing to see
small sentry boxes of an uninhabited realm
two bees in the honey and the light petrified
the breath trembles somewhere far off among birds in trees
and the body is already embalmed
with the erotic perfume of decay —
you become a web of dazzling bone . . .

come and slaver up the holes again
make the body airtight please
and spin a film over our eyes
so that we can never see how a hero dies
how the secrets of his carcase are looked upon by mortals

2.

die reis in die land van die eensames
is 'n reis sonder herberge deur 'n land sonder grense
al langs 'n see sonder kuste
net met die liefde as bakens

in die land van die blindes is alle kleure fantasties
getuig elke klank
van die silwer taal van die stommes
met net die liefde as donker

met net die liefde as vuurtorings
'n versperring teen die see
van die note in 'n keel waar skuim
oop moet breek
soos 'n masjiengeweer se gefluisterde boodskap
in kode ge-uit deur die stommes
in die ore van die dowes
wat dit vir die blindes sal kan skryf
met net die liefde as ink

want die masjiengeweer vertel die geheime
om alle geheime te openbaar
want die masjiengeweer lê die weg uit
en was jou voete
en sit die brood en die wyn voor jou neer
en so kom jy tuis
net met die liefde as liggaam vir jou dood

2.
the journey in the land of the lonely
is a journey without hostels through a land without borders
all along a sea without shores
only with love as beacons

in the land of the blind all colours are unbelievable
every sound is the witness
of the silver language of mutes
with only love as darkness

with only love as lighthouses
a barrier against the sea
of the notes in a throat where foam
must break open
like a machine-gun's whispered message
stuttered out in code by the mute
in the ears of the deaf
who can write it down for the blind
with only love as ink

because the machine-gun gives away the secret
to reveal all secrets
because the machine-gun opens the way
and washes your feet
and places before you the bread and the wine
and so you come back home
only with love as the body for your death

[S.G. & A.J.C.]

Walvis in die berg

vir Mikis Theodorakis

'die dooie berg van lewe.'
Michel Bernanos

hoog teen die Berg leef jy
— op lewe na dood —
en soek die see deur jou twee wonde
deur luike van jou kwarantyn

die wette het jou jou drome onteien
jou liedere het veryl in rook
en snags is jou huis 'n verblinde vlieg
in die spinnerak van soekligte

jou lewe het weggeloop op al die baie paaie
en die soldate prent hul in hul is dokters
en snuffel in jou hart
om die lewe wat daar skuil te besweer
— dis vir jou beswil —
maar vryheid is ongeneeslik

tog, hoog in die berg speel jy
dag en nag soos die see
op jou regop klavier
(nes Rimbaud met die vrotbeen
in sy Afrika-in-'n-kamer?)
en die pagters en die bergbokke
druk hul ore teen wit van mure
want vryheid is aansteeklik

laat ons ons hande in die bloed van jou oë baai
om sterker te word —
jy lééf soos die walvis in die vlieg voortleef
en sonder jou
sou die see net 'n wond wees
en vryheid vreet . . . vreet . . . vreet . . .

[62]

Whale in the mountain

for Mikis Theodorakis

'the dead mountain of life.'
Michel Bernanos

high on the Mountain you live
— but for life dead —
and search for the sea through your two wounds
through shutters of your quarantine

the laws have disowned you of your dreams
your songs have thinned into smoke
and at night your house is a blinded fly
in a cobweb of searchlights

your life wandered away on the many roads
and the soldiers picture themselves as doctors
and ferret in your heart
to exorcize the life that shelters there
— it's for your own good —
but freedom is incurable

yet, high in the mountain you play
day and night like the sea
on your upright piano
(like Rimbaud with his rotten leg
in his room that held all Africa?)
and the herders and the mountain goats
press their ears against the white of walls
because freedom is contagious

let us bathe our hands in the blood of your eyes
that we may gain strength —
you live as the whale lives on in the fly
and without you
the sea would be no more than a wound
and freedom feeds . . . feeds . . . feeds . . .

[S.G. & L. de K.]

[63]

7.8

Onse milde God van alles wat soet en mooi is,
Laat U naam altyd in ons geberg bly en daarom heilig,
Laat die republiek tog nou reeds kom,
Laat ander hul wil verskiet —
Gee skiet! Gee skiet!
Sodat ons ook 'n sê mag hê,
'n Sê soos 'n see
Wat om die kuste van ons hemelse Stilberge lê

Gee dat ons vandag ons daaglikse brood mag verdien
En die botter, die konfyt, die wyn, die stilte,
Die stilte van wyn,
En lei ons in versoeking van velerlei aard
Sodat die liefde van lyf na lyf kan spring
Soos die vlammetjies van is — is van berg na berg
Braambosse van vuur tot aan die witste maan bring

Maar laat ons ons verlos van die bose
Dat ons af kan reken met die skuld van eeue
Se opgebergde uitbuiting, se geroof, se verneuke,
En die laaste rykman vrek, aan sy geld vergif

Want aan ons behoort die menseryk, die krag
                                en die heerlikheid,
Van nou af tot in alle ewigheid net so ewig
Soos die skadu's en grensposte van die mens
As hy goddelik die aarde uit die hemel skeur

Aa mens! Aa mens! Aa mens!

7.8

Our generous God of all that is sweet and beautiful
Let thy name always stay stored in us and therefore hallowed,
Let the republic now come about,
Let others shoot their will away —
Let go! Let go!
So that we too may have a say,
A say like a sea
Around the coasts of our heavenly Still Mountains

Give us this day the chance to earn our daily bread
and the butter, the jam, the wine, the silence,
The silence of wine,
And lead us into temptation of various kinds
So that love may jump from body to body
Like the flames of being — being from mountain to mountain
Brambles of fire brought to the whitest moon

But let us deliver ourselves from evil
So that we may reckon with the trespass of centuries
Of stored up exploitation, of plunder, of swindling,
And the last rich man dies, poisoned by his money

For ours is the kingdom, the power
                                    and the glory,
For ever and ever and just as ever
As the shadows and the frontier posts of man
When he tears the earth from heaven like a god

Ah men! Ah men! Ah men!

[E. v. H.]

Nie met die pen nie maar met die masjiengeweer

Wat sou ek vir jou kon sê Jan-Jesus van Nasaret
ek wit Afrikaan veerlose hoender
ek nooit naak
hoe sou ek my brak land aan jou wete kon lê
jy wat ook jou sleepsel iewers versê het
in wie se erflot kopbene in wierook gryns
namens wie gekruisigdes in heuwelwinde klepel
erger nog in wie se naam hulle van die nag
toegespin sit in die speeksel van die spinnekop se poephol
ek praat van orde en beskawing?

Sou ek kon vertel van
hospitaalbeddens waar geëksperimenteer word met kinders
die koring word nog elke seisoen geoes
bleek kadawers wat in doodsvrees aan die swart hart bly drink
daar knik papawers teen die bult
die enkeling blou gepraat gespalk jn ieder spieël
die somer se heuning smaak na laventel
'n swartman sonder hom af in verbittering van eie krot
die sonbesie se lyfie is groen
die sonbeeste weet nie van die swartman nie
die witman weet net nog van die son
weet niks van die swart of man nie
wat wil die swartman nou weet van boomsingers
en wat sou ek die swart man kon vertel van jou?

Van nederigheid Mensjan van Nasaret
van watter nederigheid
behalwe dat ek nooit werklik sal weet
nooit weer mag sê nie
dat ek die beker by my laat verbygaan
die nederigheid
om nie te verloën nie maar te verag
nie te verraai nie maar uit te wis

Not with the pen but with the machine-gun

What should I tell you John-Jesus of Nazareth
I white African featherless fowl
I never naked
how should I lay my barren land upon your mind
you who have also foretold your trail
in whose fate dwell skulls grimacing in incense
for whose sake the crucified toll in the winds of hills
worse: in whose name those of the night
are webbed in the spittle of the spider's arse
I'm talking of order and of civilization?

Should I tell of
hospital beds where experiments are performed on children
every season the wheat is reaped anew
pale cadavers sucking at the black heart in the agony of death
red poppies swaying on the slopes
the individual blue with talking splinted in every mirror
the summer honey tastes of lavender
a black man withdraws into the bitterness of his own hut
the body of the cicada is green
cicadas don't know about the black man
the white man knows only the sun
knows nothing of black or of man
what would the black man know of cicadas
and what should I tell the black man of you?

Of humility Manjohn of Nazareth
of what humility
except that I shall never really know
neither be allowed to say again
that this cup must be taken from me
the humility
not to disown but to despise
not to betray but to destroy

[67]

en in wit op wit te skryf
Koning van die Jode en die Kaffers Bobbejane?
Sal ek dan nederig Jesusjan Mens van Nasaret
hierdie geil karkas van 'n wêreld beërf
ek wit Afrikaan veerlose hoender
ek nooit weerloos ek nooit kaal
ek so swart soos 'n ongeuite wordwoord

to write in white on white
King of the Jews and the Kaffirs the Baboons?
Will I, then, humbly, Jesusjohn Man of Nazareth
inherit this fertile carcass of the world
I white African featherless fowl
I never exposed or bare
I as black as an unuttered word
of coming and becoming

[A.P.B.]

Vlam

die vlieg kan op die leeu se bloed nie land nie:
die vuur;
         die dame se sluier ritsel en verlang:
'n vlam;
'n vuur lê dit agter en om die heelal se lippe,
'n verskriklike en verblindende vlam
en dan breek dit deur die kreupelhout
kom spleet ieder boom in skaduwee en boom
kom brand die witwurms in die oë dood:
sonopkoms oor Afrika

ek sien
nie visioene nie maar onthullings en herkénninge,
ek soek na hier; ons silwer straler wiek oor sy skadu
soos 'n wyster oor onontsyferde tekentjies tyd,
ons vliegtuig loop oor wonings en die Nyl is die sandslang
en die vuur vat die lug

in Khartoem is die wind die bloederige asem van die woestyn:
'*A bove, through a sky terrible in its stainless beauty,*'
(vlamme laat geen vlekke nie) '*and the splendours*
of a pitiless blinding glare', (waar die oë kyk is géén afdruk)
'*the simoon caresses you like a lion*
with a flaming breath . . .
the very skeletons of mountains . . .' ens.:   *Sir Richard Burton*

General Gordon Pasja se verteerde kop vrug op 'n speer:
grynswit tande teen die lig gekners
tande swart van die vuur se aangesig en die tong is as —
daardie wraak brand skoon —
terwyl die Mahdi se manne
met flikkerende tulbande
                    klein oor die vlaktes kadawer

Flame

the fly cannot alight on the lion's blood:
the fire;
        the lady's veil rustling with desire:
a flame;
a fire lies behind and around the lips of the universe,
blinding and terrible
breaks through the brushwood
each tree split into shadow and tree
scorches the white worm in the eyes:
sunrise over Africa

I see
not visions but revelations and recognitions,
I seek this place; our silver jet beats above its shadow
like a watchhand crossing cyphers of time,
our aircraft above dwellings and the Nile is the sand snake
and the fire captures the sky

in Khartoum the wind is the desert's bloody breath:
'Above, through a sky terrible in its stainless beauty',
(flames allow no blemish) 'and the splendours
of a pitiless blinding glare', (the eye's gaze leaves no imprint)
'the simoon caresses you like a lion
with a flaming breath . . .
the very skeletons of mountains . . .' etc.:   *Sir Richard Burton*

General Gordon Pasha's consumed head fruits on a spear:
teeth grinning white clenched against the light,
teeth black with the fire's countenance and the tongue is ash —
that vengeance burns clean —
while the Mahdi's men
turbans flickering
                    diminish like corpses across the flats

[71]

suid van hier sit die Kabaka se vroue
van biesmelk vet in hul hutte en braak;
verder suid galop kameelperde sierlik:
die bondels stokke word opgeraap,
en hoog teen die hange van die berg van vuur
waar die grys sneeu begin
lê die koolswarte lyk van die luiperd

Afrika, so dikwels geplunder, gesuiwer, gebrand!
Afrika staan in die teken van vuur en van vlam . . .

southwards the Kabaka's wives squat
fat on beestings, belching in huts;
further south the graceful galloping of giraffe:
bundles of kindling are hoisted,
and high against slopes of the mountain of fire
where the hoar snow begins
lies the coalblack body of a leopard

Africa, so often pillaged, purified, burnt!
Africa stands in the sign of fire and flame . . .

[D.H.]

Die beloofde land

dit help niks om te sê
die woestyn is soos die bloesende gelaat van 'n vrou
of die uitspansels van 'n openbaring
'n apokaliptiese openbaring van hitte nie;
'n woestyn is van sand en van lug
die lug en die sand is warm en droog;

agter die strande van die Kalahari
waar die wit bome groei: maroela,
mopani, kameeldoring, kremetart —
agter die hitte se skuinstes lê buitewyke van die vagevuur

Johannesburg!

'n stad het op uit die gesidder gestyg
soos lugspieëlings op die vlak;
ingekamp agter torings van elektrisiteit
steier wit fabriekskoorstene en suile hemelwaarts
en vlamme word teen die blou gespu:
oertamboere van die dood . . .

en 'n skitterbeeld: die hel met God

God die Buro vir Staatsveiligheid
God met 'n helm op,
in die een hand 'n aktetas vol aandele en goud
en in die ander 'n sambok
God regop in al Sy glansende héérlikheid
op die skouers van swartes halflyf in die grond
se ryk:

'n granaat!

'n oopbarsting van rooi harte
om daardie bos aan die brand te skenk!
(trek die skoene van jou voete af om sonder skoenspore te sluip . . .

[74]

The promised land*

it's futile to say
the desert is like a woman's rosy face
or the starry intimations of a revelation
an apocalypse of enormous heat;
a desert is sand and air
air and sand are hot and dry;

behind the beaches of the Kalahari
where the white trees grow: marula,
mopani, camelthorn, baobab —
behind the gradients of enormous heat are the outskirts of purgatory

Johannesburg!

the city ascended out of earthy unease
mirrors light on the plain;
meshed behind electric pylons
white factory chimneys and pillars plunge to heaven
and flames are spat out into that blue:
ur-drums of death . . .

this is hell with God

God the Bureau of State Security
God with a helmet,
lugging an attaché case with shares and gold in one hand
and a sjambok in the other,
God erect in all His lustrous glory
on the backs of Blacks half-thrust into the earthy
realm:

a grenade!

red hearts will burst
to set that bush on fire!
(it is necessary to take off your shoes to creep without trace . . .

[P.W.]

Die lewe in die grond

welgeluksalig is die kinders van Dimbaza,
van Welcome Valley, Limehill en Stinkwater
                                    vrek
van siektes, ondervoeding, armoede —
want hulle maak die baas se gesigsveld skoon,
want hulle ontkom aan die hel,
want hulle ontruim die gebied van die boer
                        — die Boer en sy God —
                        — die hand van die God —
want hulle word die lewe bespaar,
want om swart te lewe is 'n politieke misdaad
want jy wat swart is lewe
                            in die land van die bloed
                            en die pas en die smaad en die hond,
                            jy besoedel die aarde van die Boer

welgeluksalig is die kinders van Dimbaza,
van Welcome Valley, Limehill en Stinkwater
                                    weggegooi
in gate, feesplekke vir miere,
die swartgetande glimlagte —
want hulle kry speelgoed en leë melkbottels
om die grafte bly te maak,
speelgoed en glanspapier wat ritsel in die wind,
melkbottels — dolleë tette — waaruit die wind
klanke kan suig
om die molle nader te lok
— want vleis is skaars —
sodat die kleingoed mag vergeet
dat hulle dood is

welgeluksalig is die dooies van Dimbaza,
van Welcome Valley, Limehill en Stinkwater
                                    gevreet
deur die aarde, want hulle kom en hul gaan

[76]

Life in the ground*

blessed are the children of Dimbaza,
of Welcome Valley, Limehill and Stinkwater
                              dead
of diseases, undernourishment, poverty—
because they clean up the master's field of vision,
because they escape from hell,
because they clear the realm of the boer
                    —the Boer and his God—
                    —the hand of the God—
because they are saved from living,
because to live black is a political crime
because you who are black live
                    in the land of the blood
                    and the pass and the scorn and the dog,
                    you pollute the soil of the Boer

blessed are the children of Dimbaza,
of Welcome Valley, Limehill and Stinkwater
                              cast out
into holes, banqueting places for ants,
the black-toothed smiles—
because they receive toys and empty milk bottles
to fill their graves with happiness,
toys and silver paper that rustle in the wind,
milkbottles—empty teats—that the wind
can suck sounds out of
to lure moles closer
—because meat is scarce—
so that the little ones can forget
that they are dead

blessed are the dead of Dimbaza,
of Welcome Valley, Limehill and Stinkwater
                              eaten
by the earth, because they come and they go

[77]

is diskreet tussen die mond en die lepel
sonder om vlekke voor die son te laat

welgeluksalig en geseënd en heilig is die molle
en die wurms en die miere
in die land van sonskyn
in die land van die Boer
in die land wat die Here hom gegee het,
want hulle hou die sooie skoon en vrugbaar
sodat die mens kan floreer en gedy,
sy vrugte kan kweek en sy vee kan teel
en mooi en sterk en blank kan word
                    ter ere van sy God

quietly between mouth and spoon
without leaving black spots against the sun

blessed and prosperous and holy are the moles
and the worms and the ants
in the land of sunshine
in the land of the Boer
in the land which the Lord 'giveth him,
because they keep the clods clean and fertile
so that man can flourish and fatten,
can nurse his fruit and breed his cattle
and can grow beautiful and strong and white
                          in honour of his God

                              [S.G. & A.J.C.]

Balling, verteenwoordiger

vir F.M. en M.K.

jy word minder lenig en meer buigsaam
die vet kom sit aan jou lyf
soos miere binne-in 'n dooie dier
en vreet jou eendag op
jou oë brand al hoe eensamer

jy leef asof jy onsterflik is
want jou lewe is nie hier nie
tog loop die dood in jou lyf
loop die dood deur jou derms se reise
is die dood in jou vlerke geknop

en in die aarde agter die oë kom gate
die heuwels word stil en nie so groen
die hande en glimlagte kalf in
oor herinneringe word fotos geplak
en vlugskrifte: *belewenis is 'n droom*

jy leer om te bedel
hoe om die rou wroeging van jou volk
aan die onversadigbare burokrate to voer
aan alle Amptenare van die Wêreld se Gewete
jy kyk in hulle hartgate: binne-in die spieël

sodat jy smôrens nog wakker is
met 'n grys gemompel in die mond
die woorde swerm
soos parasiete om jou tong
jou woorde bou neste in die keel

Exile, representative

for F.M. and M.K.

you become less supple and more flexible
fat comes piling on your body
like ants deep inside a dead animal
and they eat you up some day
your eyes burn even lonelier

you live as if you can never die
because your life is not here
and death still walks in your body
death walks through the journeys of your guts
death is knotted in your wings

and holes form in the earth behind the eyes
and hills turn quiet and not so green
the hands and the smiles cave in
photos are stuck over memories
and pamphlets: *experience is a dream*

you learn to beg
how to feed the insatiable bureaucrats
all the Officials of the World's Conscience
with the raw remorse of your people
you look into the hollows of their hearts: deep in the mirror

so that in the morning you're still awake
with a grey mumbling in the mouth
the words swarm
like parasites on your tongue
your words build nests in the throat

in skares is jy 'n beroepsvlugteling
jy rook nie en jy drink nie
want jou lewe is 'n wapen
jy vrek aan wanhopigheid vergif
word in 'n doodloopstraat as hond neergeskiet

en wanneer jy die dag met die vuis wil slaan
om te sê: kyk, my mense staan op!
nou kom daar 'n verblinding! *Maatla!*
dan het jy die taal se stiltes vergeet
uit die kreet kruip die miere
uit braakorgane kom blinde vryheidsvegters

in crowds you are a professional refugee
you don't smoke and you don't drink
because your life is a weapon
you're dying from the poison of despair
shot down like a dog in a dead-end street

and when one day you want to hit out with your fist
to say: look, my people are rising up!
then you are blinded! *Maatla!*
and you've forgotten the silences of language
and the ants crawl out of the scream
and your organs vomit blind freedom fighters

[E. v. H.]

Brief uit die vreemde aan slagter

vir Balthazar

die gevangene sê
nou weet ek nie
of die soet Heiland gebrul het nie
maar 'n eerste vlieg krul
en bommel teen die ruite
'n bloeisel skommel teen die lug
teen die mure blink die bloed
'n mens se hart hang stil
van vrees dat hierdie vreugde mag vergaan
'n mens vergaar die klein verbysteringe
as padkos vir die lomp grys mens
wat reeds gesél in liggaam hurk

die gevangene beweer
Li Sjang-jin het gewaarsku teen gate vir die reën—
'Laat jou hart nooit oopgaan met die lenteblomme nie:
Een duim liefde is een duim as'
ek hoop jy sal my grys gebeente uit kan ken
in die dooie vuur van die aard e

maar ek ek sal op reis gaan
ek sal in my lyf op die bo-dek lê
om die rillings van die boot in my vlees te voel
die toue wat paraat in koelteplekke slaap
die mas sal rigting swaai teen die blou
die see sal roer die see sal ruik
die see sal vol dolfyne wees
meeue sal bo die hart kom swerm
en dan sal dit tog tot lig verstil
die son sal met 'n taal se geluid
elke vesel grein en sel verkrag
maar ek ek sal op reis gaan

[84]

Letter to butcher from abroad*

for Balthazar

the prisoner says
now I'm not sure
that sweet Jesus roared
but a first fly is dancing
droning against the panes
a blossom tossed against the sky
the walls are glistening with blood
my heart hangs motionless
for fear this ecstasy might ebb
I must preserve all these minute amazements
food for the journey of the dull grey man
already lurking a companion of the body

the prisoner states
Li Chang-Yin warned against holes for rain —
'Let your heart never unfold with the flowers of spring
An inch of love is an inch of ashes'
I hope you will identify my grey bones
in the extinguished fire of the earth

as for me I shall set out on a journey
I shall lie on the upper deck of my body
feeling the tremors of the boat in my flesh
the ropes dozing prepared in the shadows
the mast shall point directions in the blue
the sea shall stir the sea shall smell
the sea shall be teeming with dolphins
gulls shall swarm above the heart
and in spite of all it will be silenced to a state of light
with the sound of a tongue the sun
shall rape each fibre grain and cell
but as for me I shall set out on a journey

die gevangene beken
wanneer jou drome finaal vergruis is
en mens ver van jou mense op die nagverduistering wag
soos die denneboom pynlik na vlamseile verlang
en die klag 'n wit wind sidder deur die bos
om Maandagoggende kreupel nes 'n raaf
aan die lippe van die oseaan te hurk
dan is jy bereid
om bewend in die grond
die insekte te voer
om diep in die grond van verklarings te getuig

ek kan getuig
ek kan die kleure van binne uit beskryf
die mure is swart die snot is van goud
die bloed en die etter is ys en bessiesap
buite teen die bolwerke pik-pik die voël

ek staan op bakstene voor my medemens
ek is die standbeeld van bevryding
wat met elektrodes aan die knaters
lig probeer gil in die skemer
ek skryf slagspreuke in 'n karmosyn urine
oor my vel en oor die vloer
ek waak
verstik aan die toue van my derms
gly op seep en breek my geraamte
vermoor myself met die aandkoerant
tuimel uit die tiende verdieping van die hemel
na verlossing op 'n straat tussen mense

en jy, slagter
jy wat belas is met die veiligheid van die staat
waaraan dink jy as die nag haar skelet begin toon
en die eerste babbelende skreeu uit die prisonier
gepers word
soos van geboorte
met die vloeistowwe van baring?
is jy dan ootmoedig voor dié bloederige ding

the prisoner confesses
when your dreams are finally crushed
and far from friends you await the dark
like the pine-tree yearning for a blaze of sails
its lament shuddering a white wind in the wood
to crouch on Monday mornings crippled like a crow
at the lips of the ocean
then you are prepared
trembling in the soil
to feed the worms
and make confessions deep down in the earth

I can testify
I can describe the colours from within
the walls are black the snot is golden
the blood and pus are ice and berry-juice
the bird is pecking outside on the fortress walls

I'm standing on bricks before my neighbours
I am statue of liberty and liberation
trying to scream light in the dusk
with electrodes tied to my testicles
I'm writing slogans in crimson urine
across my skin across the floor
I'm keeping watch
smothered by the ropes of my entrails
slipping on a bar of soap I break my bones
I kill myself with the evening paper
and tumble from the tenth sphere of heaven
in search of redemption in a street surrounded by people

and you, butcher
you burdened with the security of the state
what are your thoughts when night begins to bare her bones
when the first babbling scream is forced
from the prisoner
like the sound of birth
and the fluids of parturition?
do you then feel humble before this bleeding thing

[87]

met al die mensagtige sidderskokke
met die stukkende asem van sterwe
tussen jou hande?
word jou hart in die keel ook styf
wanneer jy aan die gebluste ledemate vat
met dieselfde hande wat oor jou vrou se geheime gaan streel?

sê my, slagter
sodat die verloskunde wat jy in naam
van my voortbestaan moet pleeg
aan my geopenbaar mag word
in my taal

die gevangene het gesê
ek wil binne nie sterf nie
ek wil buite in die woestyn gehang word
met my hart na die dagbreek se koue gekeer
waar die berge soos vlieë aan die horisonte vreet
waar die sand met silwerige tongetjies brand
waar die maan so vrot soos 'n wrak
deur die blou rook sink

sê jy my nou, slagter
voor die ding 'n vloek word
voor jy nog slegs by monde
van grafte
voor die herrese gevangenes van Afrika mag pleit

with its almost human shuddering shocks
and its broken breath of dying
in your hands?
does your heart tauten in your throat
when you touch the extinguished limbs
with the very hands that caress the secrets of your wife?

tell me, butcher
so that the obstetrics you're forced to perform
in the name of my survival
may be revealed to me
in my own tongue

the prisoner said
I do not want to die inside
I want to be hanged outside in the desert
with my heart turned towards the cold of dawn
where like flies the mountains feed on the horizons
where the sand is burning in a myriad of silver tongues
where the moon rotten like a shipwreck
sinks through the blue smoke

now tell me, butcher
before this thing becomes a curse
before only through the mouths
of graves
you can still plead before the risen prisoners of Africa

[A.P.B.]

Vlerkbrand

wanneer jy dink aan jou land
sien jy
vlegsels en 'n bril; 'n ou hond vol bloed;
en 'n perd versuip in die rivier; 'n berg met vuur;
'n ruimte met twee mense sonder tande in die bed;
donker vyge teen die sand; 'n pad, populiere,
huis, blou, wolkskepe;
riete; 'n telefoon;
sien jy

wanneer jy dink aan jou land
sien jy
ons moet sterk wees; binnegoed vol kraters en vlieë;
die berg is 'n slaghuis sonder mure;
oor die duisend heuwels van Natal
die vuiste van die krygers soos vaandels;
gevangenes lê in die modder: sien jy
myne waaruit slawe peul; die reën
is knetterend hoog soos vonke bo teen die aand;
tussen die riete vrot die skelet van die dwerg

wanneer jy dink aan jou land
is dit die evakuasie van alle denke;
as dit suiwer is buite gooi jy die vensters oop,
sien jy die sterre is pyle in die niet;
hoor jy, klein soos 'n gerug, hoor jy?
'ons is die volk. ons is swart, maar ons slaap nie.
ons luister in die donker hoe vreet die diewe in die bome.
ons luister na ons krag wat hulle nie kan ken nie. ons luister
na die hart van ons asem. ons hoor die son
bewe agter die nag se riete. ons wag totdat
die vreters vrot en versadig uit die takke val —
'n vreter sal aan sy vrugte geken word —
of ons sal die varke in die bome leer klim.'

Firewing

when you think of your country
you see
plaits and glasses; an old dog full of blood;
and a horse drowned in the river; a mountain on fire;
a space and two people without teeth in bed;
dark figs against sand; a road, poplars,
house, blue, ships of cloud;
reeds; a telephone;
you see

when you think of your country
you see
we must be strong; guts full of craters and flies;
the mountain is a butcher's shop without walls;
over the thousand hills of Natal
the fists of the warriors like standards;
prisoners lie in the mud: you see
mines bursting with slaves; the rain
spatters high like sparks against the evening;
amongst the reeds the skeleton of the dwarf rots

when you think of your country
it is the end of all thought;
if it's bright outside you throw the windows open,
you see the stars are arrows in the void;
you hear, as quiet as a rumour, don't you?
'we are the people. we are black, but we don't sleep.
we hear in the dark how the thieves guzzle in the trees.
we listen to our power they cannot know. we listen
to the heart of our breathing. we hear the sun
shaking in the reeds of the night. we wait until
the devourers rotten and glutted fall from the branches —
a glutton will be known by his fruits —
or we'll teach the pigs to climb trees.'

[E. v. H.]

Die woorde teen die wolke

vir Yehuda Amichai

—'skoen'   'woestynroos'   'modder'—

(die geluk wou hê
dat ek vandag enkele woorde op kon tel
vir jou
om te kan beskryf
dat mens nie net aan niks in die grond
loop en dink nie, maar ook die woorde in hul betekenisse
sien, tussen kakpapier, beelde, versteende vis

(moenie op die verkeerde woorde trap nie!
'die terreur van myne lê,' het jy eens gesê,
'is in die vertraagde aksie; jy plant jou bom
en eendag, baie later, word iemand
wie jy nie ken nie
ten hemele geblaas'
so word die woord ook vleis

(ek het jou verse en vrese gelees:
soos woestynrose is hulle: anakronisties, met 'n buitenste
en 'n binnenste, hulle kom van diep
sonder verlede of toekoms, en tog hou hulle stand
teen die sagte ontploffings van sand en tyd

(in tye van oorlog eet die mense modder
om soos paddas op land en in water
te oorleef; in vredestyd is dit
'n skoonheidsmiddel . . .
dit maak nie saak nie

[92]

The words against the clouds

for Yehuda Amichai

— 'shoe'　　　　　'desert-rose'　　　　'mud' —

(chance wanted
me to pick up a few words today
for you
to be able to describe
that people don't just walk around and think of
nothing underfoot, but also see words in their meanings
between crap-paper, images, fossilized fish

(don't tread on the wrong words!
'the horror of mines,' you once said,
'lies in the delayed action; you plant your bomb
and one day, much later, someone
whom you don't know
is blown to heaven'
so the word becomes meat

(I have read your verses and fears:
they're like desert-roses: anachronistic, with an outside
and an inside, they come from far down
without past or future, and yet they hold out
against the soft explosions of sand and time

(in times of war people eat mud
to survive on land and water
like frogs; in peacetime it's
a beauty aid . . .
it doesn't matter

(die maan stap aan
al word sy aldag meer
'n leë skoen sonder liddorings of ritme,
die maan dra haar stappe
oor die spartelende duifgrys duine van die Kalahari
en die onrustige heuwels van Juda:
sy bevuil ten minste nie die modder nie

(in 'n skoenvol modder sou ek jou woestynrose wou plant
om die maan 'n sin te gee
en 'n woordsommetjie sal ek op die veters skryf:
'wanneer jy té lank aanhou slaap
verrot jy naderhand'
dit is wat bekend staan as
dood aan die voete . . .

(so het ek hierdie woorde in die vers probeer stop
liewe en treurige Yehuda,
is die dood in die optel of in die woord?

(the moon moves on
even though every day she becomes
an empty shoe without corns or rhythm,
the moon carries her steps
across the floundering dove-grey dunes of the Kalahari
and the restless hills of Judah:
at least she doesn't dirty up the mud

(in a shoeful of mud I'd like to plant your desert-roses
to give the moon some meaning
and I'll write out sums of words on the laces:
'when you keep sleeping too long
you rot in the end'
that's what's known as
dying on your feet . . .

(and so I've tried to pack these words into the poem
dear and sad Yehuda,
is death in picking up or in the word?

[S.G. & A.J.C.]

Die brandende skuilplek

In mum obscurity it twines its obstinate rings
And hings caressin'ly, its purpose whole;
And this deid thing, whale-white obscenity,
This horror that I writhe in—is my soul!

A drunk man looks at the thistle.
Hugh MacDiarmid

Die engel staan op die perron en wag
vir die 15.45 trein. Of hy iemand hier moet afhaal
en of hy nou self op reis moet gaan, op
en hoër na die Oasis in die berg
—ausgesetzt auf den Bergen des Herzens—
kan hy nie meer onthou nie. En dit skeel weinig.
Sy oë dans soos die voete van iemand
opgehang aan 'n tou. Blou is die kom
van die aarde; bo die neus van die bergreeks klouter
'n stringetjie rook soos 'n lugaar Boontoe
in die onthou waar Cetus snags haar stert
se slaan *slap slap* tussen die seesterre slop
maar nou nog roederloos in die water lê loer.
Is dit die trein? Is dit 'n bruin smeersel in die brein?

Hy dink: (soos swart ek-toplasma flop
die gedagtes uit en roei oor die warm sement
met die wanhopige skop van beentjies
en voelers se skropbeweginkies. 'n Kriek)
'Wat is die verlore tyd van die werkwoord lewe?
En dood? Nes die kriek familie is van die walvis
—*having a whale of a time*—
is dood die orgasme van die lewe,
die klim-aks, al hoër en hoër gerook in die blou
water. Maar ook dít is slegs 'n woord-ereksie'.
Sy mond voel die verstywing van die tong.

[96]

The burning shelter

In mum obscurity it twines its obstinate rings
And hings caressin'ly, its purpose whole;
And this deid thing, whale-white obscenity,
This horror that I writhe in —is my soul!

A drunk man looks at the thistle.
Hugh MacDiarmid

The angel stands waiting on the platform
for the 15.45 train. Whether he's here to meet
someone or to leave on a journey himself,
upwards to the Oasis in the mountain
—*ausgesetzt auf den Bergen des Herzens*—
he has forgotten. It doesn't matter much.
His eyes are dancing like the feet
of a hanged man. The basin of the
earth is blue; beyond the ridge of the range
a vein of smoke ascending into
the memory of Cetus flapping her tail at night
slap slap among the sea stars
but now watching rudderless in ruthless water.
Is that the train? A brown smudge on the brains?

He thinks: (the thought flops out black
ectoplasm across the hot cement
with a desperate scuttling of legs
and swiping antennae. A cricket)
'What is the lost tense of the verb to live?
To die? For just as the cricket is related to the whale
—having a whale of a time —
death is the orgasm of life
its climax, smoking higher and higher into the blue
water. But this too is an erection of words.'
And his mouth is aware of a stiffening tongue.

[97]

Daar kom die trein: 'n potloodstreep met die rook,
die gestokke asem, 'n uitveër. Die engel ruik
iewers die rankende reuk van verskroeide vere; hoor hoe klok
die enjin — *no pasarán no pasarán* —

En diè kriek, reeds oor die lip van die platform gestort
tot op die dansende rookkleur stawe, dink:
'n gloeiende kraak sal die hemel wees
elke droom en gedagte het klip geword
klip en klippe-klippe en klip
klap en klop die aarde verwoes
vernietig vergeld die aardskip
alleen 'n stapel klippe die gort
is gaar soos die laaste veertjie
asem uit die walvis glip
en die engel sal geen verlede meer belewe kan
en daarom nooit bestaan het dan
— verbán verbán —

There comes the train: a pencil line of smoke,
stoked breath, an eraser. Somewhere the angel
smells the spreading stench of scorched feathers; hears
the engine tolling —*no pasarán no pasarán*—

And the cricket, suspended on the lip of the platform
approaching the dancing smoky rails, meditates:
'Heaven will be a glowing crack
every thought and dream has rocked to sleep
rocks rocky rocks rocky
reeking roaches destroying the world
annihilating the rocking boat of earth
leaving a solitary heap of stones the time
is up and the final feather
of breath escapes from the whale
the angel has lost all memory, alone
he loses being denies whatever he has done
—all gone all gone—

[A.P.B.]

Tat Tvam Asi

Shall I compare thee to a summer's day?
Thou art more lovely and more temperate.
Rough winds do shake the darling buds of May,
And summer's lease hath all too short a date:
Sometime too hot the eye of heaven shines,
And often is his gold complexion dimm'd;
And every fair from fair some time declines,
By chance, or nature's changing course, untrimm'd;
But thy eternal summer shall not fade
Nor lose possession of that fair thou ow'st;
Nor shall Death brag thou wand'rest in his shade,
When in eternal lines to time thou grow'st.
So long as men can breathe or eyes can see,
So long lives this, and this gives life to thee.

SHAKESPEARE

Nagmaal

slaap nou, vooroorgebuk intens asof luisterend na ons geheime bed
die wimpers ontspan versluier die gebalde oë, heinings
om die geslote kloosters van die kykers
saamgekolk in een helder tregter van leef, 'n kelk van lig
die skree van lewe, die pyn van wete, jy leef
'n oomblik
jou ribbe dy en trek, die riwwe vlees oor jou skedel
die hare wat boor deur bloed en verstomp teen been

dit vyl dié sekonde tot 'n kreet van genot, nou
as dit winde reën by luik en deur
die donker wurg;
slaap nou vooroorgebuig intens asof luisterend na die riemslae
van jou bloed, jy is 'n vlinder van trillende lig
en in jou knabbel jou.karkas reeds
(as ook dié bloed sal dik   as ook die bleek sal blou)
(bene deur jou vlees knak   wit kraaie met katoë jou derms
                              pik)
(hulle lomp kuikens voed in die nes van jou maag)
                    . . . jou kadawer en my kadawer
                    die son word klein, daar's roes in
                        die klawer

                    die spieëls is blind
                    die donker bol die ruite;
                    net ons hare kruip langer;
                    dis die groen nag sonder stert

slaap nou, ek druk my neus in die ruiker van jou nek
hoe ryp, hoe bedwelmend die geur, die reuk van lewe
jy leef
jy is 'n delikate blom van polsende ivoor
jy is diep soos 'n katjiepiering   stil soos 'n varkoor
slaap nou, roer, jy breek die lig met jou hande
hoe narkoties is die walms in dieptes van jou hals

Communion

sleep now, stooped intense as if listening to our secret bed
lashes relaxing veil the balled eyes, hedges
round the closed cloisters of the pupils
eddied together in one shining funnel of living, a cup of light
the cry of life, the pain of knowing, you live
a moment
your ribs expand and pull, ridged flesh over your skull
hair boring through blood and blunting against the bone

this files this second to a scream of pleasure, now
when it rains wind at shutter and door
the dark strangling;
sleep now curled intense as if listening to the beat
of your blood, you are a butterfly of trembling light
and inside you already your carcase is nibbling
(when this blood too shall thicken   when this bleakness will turn
blue)
(bones crack through your flesh   cat-eyed white crows pick at
your bowels)
(their clumsy chicks feeding in the nest of your stomach)
. . . your cadaver and my cadaver
the sun shrinks, there's rust in the
clover

the mirrors are blind
the dark swells the panes;
only our hair curls longer;
it is the green tailless night

sleep now, I press my nose in the bouquet of your neck
how ripe, how intoxicating the fragrance, the smell of life
you live
you are a delicate flower of pulsing ivory
you are deep as a gardenia   quiet as an arum-lily
sleep now, stir, you break the light with your hands
how narcotic the fumes in the depths of your throat

[105]

vir jou offer ek hierdie hande vol lug, neem
       eet   drink   leef
neem ook my hande   en die sap van my lyf
lag nogeens in jou drome   my blom   my vrug
hoor jy nie? hoe kou die nag aan die dak

for you I offer these hands full of air, take
        eat   drink   live
take my hands too   and the sap of my body
laugh yet again in your dreams   my flower   my fruit
don't you hear? how the night is chewing the roof

[W.S.]

Ek wag in my hart

my hart   *(ek het nooit gedink dat ek*
                        oor hart sou uitwei nie, die klotsel bloed
                        in pypies en kraakbeen)

is 'n toring

sodat ek jou van vér kan sien kom

oor die windkaal heuwels

met skraal bome verskroeide winkende vingers

oor die suisende wit vlakte

met my hand bo die oë   *(verspied verspied)*

die feestafel staan gedek, die musikante wag sluimerend
in hulle manelle soos dromende pikkewyne
met die aandster skreeu die krieke in die vlei
ek luister asemloos vir jou voeteval
(waar dool jy tussen skaterende wolwe?)

ek hang 'n lantern in die venster
en stuur my ore uit in helikopters
(het jy genoeg padkos saamgebring vir die lang tog?)
ek klim die trappe van my hart gereeld op
voedsel en drank sal my lippe nie aanraak sonder jou nie

en hoor jou in die maanlose klowe ruis
kom jy dan nooit nader nie?

soos 'n skildwag leun ek oor die borswering van my hart
en kneus dit met rondtrappery van my moedelose voete

I wait in my heart

my heart   *(I never imagined that I*
                  would hold forth on hearts, the splash of blood
                  in tubes and cartilage)

is a tower

so that I can observe you from afar

over the wind-bare hills

with sparse trees scorched and beckoning fingers

over the sighing white plain

with my hand up to my eyes   *(scouting scouting)*

the festive table is laid the drowsy musicians wait
in their frock-coats like dreaming penguins
with evening star the crickets shout in the marsh
breathless I listen for your footstep
(where are you roaming amongst the laughing wolves?)

I hang a lantern in the window
I send out my ears in helicopters
(have you brought enough food for the long journey?)
I keep climbing the steps of my heart
without you food and drink shall not touch my lips

and I hear you sighing in the moonless gorges
do you never come near?

like a sentinel I lean over the ramparts of my heart
and stomp on it with my dejected feet

[E. v. H.]

[109]

Iets om aan te peusel in my igloo:

my wintervrou is 'n klein klein voël
tjie tjie tjie
wat met drome goël

met herfs het ek dit
in die dooie bos gevang
verbouereerd
oor hoe dit wit genotjies
in die leë bome hang

nou en buite die ruite
is die hongerblou gety
sit
dit op my tafel en
ditse boudjies maak my bly

my wintervrou is 'n klein klein voël
tjie tjie tjie
wat met drome goël

Something to nibble in my igloo:

my winter wife is a little little bird
chee chee chee
making magic with dreams

it was autumn when I caught it
in the dead forest
bewildered
at the way it was hanging white
delights in the empty trees

now and outside the panes
there is the hunger-blue tide
it
sits on my table and
its little bum makes me glow

my winter wife is a little little bird
chee chee chee
making magic with dreams

[W.S.]

Drome is ook wonde

elke droom skryf so sy klein, geheime briewe
soggens soek ons die rofies ink in die spieël
om dit weg te kan bêre in argiewe

maar die wonde genees nie

die donkerste bloed bly blom
boorde van revolusies oor die laken
of die borreling van liefde in tuine

van wonde wat nie genees nie

selfs die dowe mag drome droom
soos die malle sy briewe mag fluister
en die blinde na die wind mag kyk

die pyn kneus ons alles 'n inniger kleur —
hoe groen was die voëls in die tuine
van my jeug, hoe ryp en geverf was die son

en die sneeu genees nie

die wêreld is 'n vors ryk aan mense
die mense is konings ryk aan bome
van vrees of van haat, of bome van verlange

wat die drome nie genees nie

want híér is ons enigste ewige paradys —
ons is ryk soos die visser ryk is
as hy sy laaste eiers sorteer en tel

en die vis terug gee aan die see,
om te kan praat soos eiers kan praat
om te sing soos golwe só lankal bloei

[112]

Dreams are also wounds

thus every dream secretly and small inscribes its letters
at dawn we search for scabs of ink in the glass
to store them away in safe archives

but the wounds never heal

the darkest blood continues to bloom
orchards of revolutions on the sheets
or the bubbling of love in gardens

of wounds that never heal

even the deaf are allowed to dream
as the mad are free to whisper their letters
and the blind to look at the wind

pain bruises us all to a more intimate shade —
how green were the birds in the gardens
of my youth, how ripe and painted the sun

and the snow never heals

the earth is a ruler rich in people
people are kings rich in trees
of fear or of hate, or trees of yearning

which can never heal the dreams

for this is our only unending paradise —
we are rich like a fisherman
sorting and counting his ultimate eggs

returning the fish to the sea
in order to speak like eggs talk
to sing like waves bleeding for years

[113]

van bloed wat nooit genees nie

die soldate het oë soos ertjies
die boere het hande van grond
en almal droom boodskappe en wêrelde

vol blomme wat nie kan genees nie

daar kom selfs 'n papegaai in die gedig, 'n geel papegaai
wat sy griewe kom lug van strofe
tot reël met die klag in sy tong se swart seile

sodat sy lied nie genees nie

so sal my nagte nooit genees of lees nie
want *jy* het gekom om my laaste bloed te laat
sou jy ook dan net 'n litteken op my wees?

sonder bloed kan ons nie bloei nie
en ons drome is die nag se bloed
soos ons bloed en ín bloed gedroom is

só bly ek 'n bedmaarskalk
wat nagteliks leër vloei,
ek pars al die ink uit my hart

vir jou, gedroom, wat nie genees nie

ons liggame is dan omhulsels vlees
wat ook eendag droog moet word, en kieries
as ons, oplaas, droomloos, gaan slaap

en dan eers sal die water asyn word
en die stilte sy reënboë span
en dan sal ons drome ontmoet

en mag dié briewe nooit genees nie
nee, die wonde sal nooit genees nie

[114]

with blood that never heals

the soldiers have eyes like peas
the peasants have hands of earth
and they all dream messages and worlds

filled with flowers that can never heal

now even a parrot enters the poem, a yellow parrot
airing its complaints from verse
to line with a wail in the black sails of its tongue

so that its songs can never heal

so my nights will never learn to heal or read
for *you* have come to let the last drops of my blood
would you too be no more than a scar in my flesh?

without blood we cannot possibly bleed
and our dreams are the blood of the night
just as we are blood and dreamt in blood

and so I remain a bed-marshal
emptying my armies night after night
pressing the inkdrops from my heart

for you, dreamt up, who can never heal

our bodies are mere husks of flesh
destined to wither into walking sticks
when, finally, undreaming, we go to sleep

and only then will water turn to vinegar
and silence stretch its rainbows in the sky
and then our dreams will meet

and may these letters never heal
assuredly, these wounds will never heal

[A.P.B.]

Brief vir vrou in die maan

hier vanuit die aarde:
my swart gehuurde dakkamer,
sien ek die verkeersknope
van sterre en planete
met hulle mane en komete
en ek wonder of dit alles draai
of ek myself gedroom het;

soms gaan daar 'n skerp blom vir my oop,
ek sien hoe ons in kuddes loop
met wit kieries —
is ek bysiende? sonder my bril
bestaan jy, maar is naamloos:
as ek jou noem verdubbel jy
en splits en glip soos sweet
deur die damwal van my palms;

en binnetoe is niks:
ek tap my liggaam wit en dink
die syn was in die bloed
en die wete in die wyn,
maar dan is daar die vrees vir vrot
wat eintlik 'n groen groei is
— ek suig my kuikenwarm brein
die muwwe klippie in die mond —
die nat spelonke van my are
is vol van blinkoog skoelappers,
my voorvaders se dooie drome
skerwe vel en hare;

en hou ook maar my vlees in pag
en sal dit weer moet afskil —
soos 'n ou by sterwe in die roos:
hierdie deurskynende rooi grond,
hierdie wurm se geblaarde mond;

Letter for the lady in the moon

here from out of the earth:
my black rented attic
I can see the traffic jams
of stars and planets
with their moons and comets
and I wonder if everything's grooving
or I dreamt myself;

sometimes an acidic vision blossoms,
and I look at us tottering in flocks
with white canes —
maybe my eyes are going? without my specs
you exist nameless:
and when I name you you duplicate
and split and slip like sweat
over the embankments of my palms;

then there's nothing inside:
I drain my body white and think
that being's in the blood
and knowledge in the wine,
but then there's the fear of rot
in a green evolution
—I suck my loping chicken brain
a musty pebble in my mouth —
the mucous grottoes of my veins
are full of shining butterflies,
the dead dreams of my ancestors
shards of skin and hair;

well I've got my flesh on lease
and will have to peel it off —
like an old bee snuffing in the rose:
this translucent red earth
this worm's floral mouth;

maar intussen droom ek die toeter van sterre,
grommende koplampe bo my nok
en verdwaal in my drome
van afwesige reise
droom ek my gedigte
soos wit huise vir jou oop

meanwhile I dream the shooting stars,
growling headlights on my roof
and lost in my dreams
of absconded journeys
I dream poems like white houses —
they open for you

[P.W.]

As ek 'n prins was

as ek 'n prins was
sou ek jou
twee goue lotosblomme gee
om die vye van jou ore te versier

as ek 'n viervors was
sou ek kon slaap
met die maan van my gesig
tussen die hemel van jou lende

en as ek pous kon wees
sou ek 'n altaar bou
van jou geronde buik
om my nagmaal te hou

maar nou is ek te bang
self vir my self en my oë
in die spieël

kom, laat my met jou tone speel

If I were a prince

if I were a prince
I would give you
two golden lotuses
to decorate the figs of your ears

if I were a tetrarch
I'd be able to sleep
with the moon of my face
between the heaven of your loins

if I could be a pope
I'd build an altar
of your rounded belly
to hold my communion

but now I'm too afraid
even of myself and of my eyes
in the mirror

come, let me play with your toes

[A.J.C.]

Slaap klein beminde

slaap klein beminde
slaap soet slaap swart
nat soos suiker in koffie
wees bly in jou drome
blaas op fluite
koop 'n groot huis
eet die oudste pere —
hulle wat soet word in grysheid —
slaap soeter as pere

weg die dreigemente
weg die basterwind
die bolletjies reën die plunderson
weg honger en hofsake
weg gebrek aan geld
weg alle kanker
en tandpyn of narkose
en blinde honde
weg die hele idiotedom
behalwe jy
        en as jy so wil
asseblief ook ek

ek sal waak oor jou drome
ek spyker die vlieë teen die muur
ek wag gewapend vir die son
        en die wind
        en die reën
as jy lag sal ek lag
en as jy huil
klein beminde . . .
moenie huil nie
kyk ek koop vir jou 'n hoed
en vars brood so swart, nuwe oë en 'n koets
soos pere in kiste

Sleep my little love

sleep my little love
sleep well sleep dark
wet as sugar in coffee
be happy in your dreams
blow on flutes
buy a big house
eat the oldest pears —
those that grow sweeter growing old —
sleep sweeter than pears

keep away the threats
away the bastard wind
the bursts of rain the plundering sun
away hunger and court cases
away the lack of money
away all cancer
and toothache and narcosis
and blind dogs
away the whole of idiotdom
except for you
         and if you wish
please me too

I'll watch over your dreams
I pin the flies to the wall
I wait armed against the sun
         and the wind
         and the rain
if you laugh I'll laugh
and if you cry
little love . . .
don't cry
look I'll buy a hat for you
and fresh bread so dark, new eyes and a coach
like pears in trays

[123]

en musiek vir jou ure
en krukke vir jou klagtes
     en as jy wil
Amerika en die maan
ek sny my mooi land
vir jou vry,

maar dis vir môre, mañana
slaap nou eers beminde
slaap vinnig, slaap ver
slaap soeter as nagte
en hoër, ligter, liefder
vryer, ewiger
en blyer as 'n veer

and music for your hours
and crutches for your complaints
        and if you wish
America and the moon
I'll cut my beautiful country
free for you,

but that's for tomorrow, mañana
sleep now my love
sleep soon, sleep far
sleep sweeter than nights
and higher, lighter, more loved
freer, longer
and happier than a feather

                                        [S.G. & A.J.C.]

Vleiswiel

nag vir nag word die bome swarter soos kanonkoeëls
ek hys die oorgee-laken
jy hou vas aan die bed
want alles draai
die maan se speke draai

ek probeer jou anker,
as ek my kiel opgedamde bloed
in die lippe van jou maag loods
kleef jy 'n verskrikte werwelrige vlermuis
aan die balke van my bors

ek verf my nat olywe olieverf saad
op in jou klep, om prentjies
te grifeer in jou skoot:
ons ry op fietse in die water

terwyl die wind sing
om die huis
sing deur ons bene
of bid die honger larwes?

dan groei wit latte van slaap
soos 'n hut om my op

    *

en ek swel wakker in 'n wit valskermskulp,
die son skyn rook deur die ruite
my bors draai oop soos 'n sug
of 'n swart vrug
wat sirkel deur die bane van die are
van die verstand
in die dag
in die herfs

Fleshwheel

nightly the trees blacken like cannon-balls
I raise the sheet white flag
you grip the bed
for all is turning
the moon spokes turn

I try to anchor you,
launching my keel of dammed-up blood
into the lips of your stomach
you cling — a frightened knobbly bat
to the beams of my chest

I paint my olive-wet and oily seed
into your valve, to engrave
little pictures in your womb:
we ride bicycles in the water

while the wind sings
round the house
sings through our legs
or is it the hungry larvae praying?

then white slats of sleep grow
like a hut around me

             *

and I swell awake in a white parachute-shell,
the sun shines smoke through the panes
my chest twists open like a sigh
or a black fruit
that circles through the courses of the blood
of the mind
in the day
in autumn

gedurende die nag het 'n vlinder
selfmoord kom pleeg teen die venster
en hang nou 'n speek verdroogde snot
aan glas, of 'n swart vrug se lyf
(openbaring nege en elf, verse vyf)

agter die venster
agter die vlinder
agter die lug
draai die wiel teen die wiel
en die bome word swarter, soos kanonkoeëls

during the night a butterfly came
and killed itself against the window
and now hangs like a spoke of dried-out snot
on glass, or the body of a black fruit
(revelations nine and eleven, verses five)

behind the window
behind the butterfly
behind the sky
the wheel turns against the wheel
and the trees blacken, like canon-balls

[R.K.]

Met 'n bossie bergblomme

nederige blomme van 'n vreemde berg
vir jou verjaardag
sodat jy berghelder kan lag
en jou hande kan klap by die venster

pers blomme — die angeliere van dwerge —
om ons huis se skaduwees te terg,
skurwe klein kelkies van kyk
wat die wind en die vog in hul dra

hulle brand net vir jou
want jy is mos jarig,
hulle geur net vir jou
hulle berge soet geur

oeillets du poète: klein oë van die digter,
en as jy lank genoeg daarín kan kyk
sal hulle nog dieper en vuriger blom, verryk
tot die vlerke waarmee jy óór skaduwees gaan vlieg
na die vreemde berge deur die venster

With a bunch of mountain flowers

humble flowers from a strange mountain
for your birthday
that your laugh can be clear as a mountain
and your hands can clap at the window

purple flowers — the carnations of dwarfs —
to tease the shadows of our house,
little rough chalices of sight
that carry the wind and the damp inside

they burn for you only
for you've now come of age
their scent is for you only
their mountains of sweet fragrance

oeillets du poète: little eyes of the poet,
and if you can look into them long enough
they'll flower deeper with more fire, richer
like the wings that you'll fly with over shadows
to the strange mountains beyond the window

[A.J.C.]

Die afvrot van die Staat

Baie dinge sal nog verander,
ander vlae sal nog sing,
ander ideologieë dalk marsjeer —
die ganse soek water —
ander mense sal op eiers ry,
miskien sal die honde regeer,
die rekenmasjiene aborsies onnodig maak

—maar vir ons is dit neusie verby;
hierdie snerpte wat die olie
uit ons hoofde wring
sal ook dieper wil speur,
(miskien sal hulle later die wind kan toestop?)
die honde in hul spoetniks
sal ons kwytraking nie kan keer nie

Ek sal 'n hoed begin dra
om die droë eier se geil in te hou,
jy sal om platter skoene moet vra
vir jou gewaggel,
ons oë sal langsaam banger word vir lig,
ons naels en ons velle langer

Liewe medeweekdier, self 'n jong hoer
kon die gebibber van koning Dawid
se knieë nie verhoed nie:
(miskien sal die staat later proppe uitreik?)
waar die mol sy veldtog voer
verskimmel die verknogste ui

So ook ek, so ook jy,
maar één skyn sal nooit versomber nie:
al is ons nou hol
met al die aanhangsels, versiersels,
werktuie en stutte, ons ligte kapot,

The rotting of the State

Many things have still to change,
other flags have still to sing,
other ideologies might march —
the geese are looking for water —
others will ride on eggs,
perhaps the dogs will govern,
computers make abortions unnecessary

— but for us it is gone with the wind;
this chill wringing
the oil out of our heads
will want to pry deeper too,
(perhaps later they could plug up the wind?)
the dogs in their sputniks will try
in vain to stop us getting rid of ourselves

I'll start wearing a hat
to keep the dry egg's growth inside,
you'll have to ask for flatter shoes
for your waddling,
slowly our eyes will become more afraid of light,
our nails and skins longer

Dear fellow-mollusc, even a young whore
could not keep King David's
knees from jittering:
(perhaps later the state will issue props?)
where the mole campaigns
the most imbedded onion turns mouldy

The same for you, the same for me,
but one gleam will never darken:
even though we are hollow now
with all the trappings, trimmings
tools and supports, our lights blown,

sal my tandelose hand bly babbel
in jou blinde oor,
my seniele voelers altyd dieper wil boor,
of soms, soos toe ons varser was
sal ons met kwakeriger strotte nog wil min:
en bly daar dan dalk, soos hier,
nog 'n ouderwetse, kom ons glo, oplase
gedig

my toothless hand will still babble
in your blind ear,
my senile fingers will still want to bore deeper,
or sometimes, as when we were fresher
we'll still want to make love with croaking gullets:
and there will perhaps remain, like here,
yet another old-fashioned, let us believe it, final
poem

[W.S.]

Die skoelapper en die slak

(dagboek tristitia post coitum)

dat ons saam die skaamteheuwel mag betree
saam jou verbode vrug kon pluk
tot die appels soos sterre in die lug hang
vye is soet, maar die liefde was soeter

nou rus jou skoelapper-tevrede gesig, die vlees op 'n skottel
waar die mooiste neus bewerig troon
soos die nippel op die bors

en die moesies op jou songebakte lyf
is 'n swart, yl sterreryk
oor 'n bruin uitspansel

jou skulpgroot, maar ligryke oë wou reis
oor die son waar hy ook waai tussen sterre
oor die slak se spirale skuimspore
vye is soet, maar die liefde, maar die liefde

om dan die son te volg waar hy ook waai
oor kaktusse oor duine
oor die slak se spirale woonhuis op skuim
vye is soet, maar die liefde was soeter

jou oë kyk uit jou kop
soos die koeldiep venstertjies
van 'n Moorse huis in die son

want jy, as jy jou hande sluit
vou die roosknop toe
en die skoelapper word moeg

The butterfly and the snail

(diary tristitia post coitum)

that we may ascend together the mountain of Venus
could pluck your forbidden fruit together
until the apples hang like stars in the sky
figs are sweet, but love was sweeter

now your face rests contented like a butterfly, flesh on a platter
where the most beautiful nose is tremblingly enthroned
like the nipple on the breast

and the little moles on your sun-baked body
are a dark and rare empire of stars
in a brown firmament

your shell-big, light-filled eyes wanted to journey
across the sun where it too waved between stars
across the spiralling froth-tracks of the snail
figs are sweet, but love, but love

to follow the sun then where it floats
over cactuses over dunes
over the snail's spirally dwelling-house on froth
figs are sweet, but love was sweeter

your eyes look out of your head
like the small cool deep windows
of a Moorish house in the sun

because you, as you close your hands
enfold the rosebud
and the butterfly grows weary

[137]

die slak in sy skulp is soos die senuwee
in sy tand 'n lewe
onder lagies broos emalje
vye is soet, maar die liefde, maar die liefde

ek het jou lief — jy het my gelei deur tuine
deur al die huise van die son
tot die son van ruimte verhuis het
vye is soet, maar die liefde was soeter

ons het die somereilande gesien so wit van sneeu
en toe ons jou mishoring blaas
is die son verduister deur die witsneeu vlerke
vye word suur, maar die liefde, maar die liefde is
soeter as vye

the snail in its shell is like the nerve
the quick in its tooth
under layers of fragile enamel
figs are sweet, but love, but love

I love you — you led me through gardens
through all the mansions of the sun
until the sun moved out of space
figs are sweet, but love was sweeter

we saw the islands of summer so white with snow
and when we blew your fog-horn
the sun was darkened by the white snowy wings
figs turn sour, but love, but love is
sweeter than figs

[E. v. H.]

Die brandende amandelboom

—skielik word dit aand:
die wind lê sy lang grys vlae neer
en die wapperende bome buig oor die bloed,
die see het speeksel in die oë —
dit moet mooi wees as die amandels bloei

—die see trek haar eerste swart jas aan
om haar rug op ons te draai
en die glinsterende bome buig voor die see,
die melkdiere lek aan die grond —
dit moet mooi wees as die amandels bloei

—die donkie druk sy neus teen die droë vlae,
die bok lag nie meer nie
en die ooi se uier word hard,
die fluitspeler op die heuwel se note waai weg —
dit moet mooi wees as die amandels bloei

—soos die somervoëls vlug voor die bleker maan
en sterf,
soos die akkedis die aarde oor sy pols-lyfie trek
om te leef —
dit moet mooi wees as die amandels bloei

—moet ons ook skielik bewe
en ons oë warm maak by die kers
se amandelvlam
as die bloed in ons vlugtende hande buig?

ek sal jou weer kom haal as dit mooi is,
as die witgedoste heuwels fluit-fluit hulle blomme
in die vonkelsee kom baai
en die dag so langsaam breek soos windstil bome
—sodat die amandelboom weer wit tongetjies bloei

The burning almond tree

—suddenly it's evening:
the wind lays down its long grey flags
and the fluttering trees stoop over the blood,
the sea has spittle in its eyes—
it must be lovely when the almonds bloom

—the sea puts on her first black coat
to turn her back on us
and the glistening trees bow down before the sea
and the milk animals lick the ground—
it must be lovely when the almonds bloom

the donkey thrusts its nose against the dry gusts
the goat laughs no more
and the ewe's udder hardens,
the notes of the flute player on the hill blow away—
it must be lovely when the almonds bloom

—as the summer-birds flee before the paler moon
and die,
as the lizard draws the earth over his pulsing body
to live—
it must be lovely when the almonds bloom

—must we too shiver suddenly
and warm our eyes beside the candle's
almond flame
if the blood bends in our fleeing hands?

I'll fetch you again when it's beautiful
when the white-clad hills come whistling down to bathe
their flowers in the sparkling sea
and day breaks slowly like windless trees
—so that the almond blooms in small white tongues again

[R.K.]

1.1 (lotus)

en *Aum Mani Padme Hum*
die perd van lug
galop deur die lug
die ros van asem
met die ruiter van syn

die lug is 'n blou tent
met die kreukels van wind
en die son die banier
wat die tent aanwys

die Groot Taak is
om van hondedrolle
sterre te maak
en die Groot Niet te vertrap

en bo is reeds die eerste ryp
die hemel is 'n land van sneeu
snags is iedere voël teen nag
so rou
'n skelet, die silhoeët van 'n skree
en die maan 'n silwer kreet

die ryp sneeu knetter
maar jy hoef dit nie te vrees
inteendeel kom
ons gaan stap
al langs die donkerte van heuwels
waar bome hoog soos die nag
die nag in groei

sien jy? daar is die niks
al die woorde is net skimme
wat soos perde van asem
deur die niet galop

1.1 (lotus)*

and *Aum Mani Padme Hum*
the horse of air
gallops through the sky
the steed of breath
with the rider of being

the sky is a blue tent
with the wrinkles of wind
and the sun a banner
pointing out the tent

the Great Task is
to turn dog turds
into stars
and to trample down the Great Void

the first frost is already there
heaven is a land of snow
at night every bird is against night
so raw
a skeleton, the silhouette of a scream
and the moon a silver cry

the ripe snow crackles
but you needn't fear it
on the contrary come
let us go walking
all along the darkness of hills
where, high as the night, trees
grow into the night

do you see? there's the void
all words are only phantoms
galloping like horses of breath
through the emptiness

en kom weer saam met my binne
waar die donkerte fluit
kom lê in my wete
kom lê op my tong, my skaduwee

want daardie skaduwee moet ek
uit die mondnag skud
en met daardie skadu as mes
bloots en skrylings op daardie tong
moet ek al jou blare oop kan vou

tot hier waar jy gepêrel is tot
die blinde, selfvervullende pêrel

ruik jy nou nie die sterre nie?
alles kom uit gewaarword op
en sink weer daarin terug:
die perde eet pêrels

then come inside with me again
where the darkness whistles
come lie in my knowing
come lie on my tongue, my shadow

for I must shake that shadow
from the night-mouth
and with that shadow as a knife
bareback and astride that tongue
I must be able to unfold all your leaves

to here where you turn to a pearl,
to the blind, self-fulfilling pearl

don't you smell the stars now?
everything comes up out of experience
and sinks back into it again:
the horses eat pearls

[A.J.C.]

3.6 (oorganklik)

nee dis nie 'n swaeltjie wat valletjies stik
om ons oë in die lug nie
dis geen wit perd met rook in die maan
wat jy daar hoor galop
en die water wat jy jou verbeel om die huis
is nie van water
die klokke oorkant ruk nie van vreugde
nee dis nog geen lente

dis 'n winterblou meeu wat aan dooie grond pik
dis die dokter se swart perd se hoewe
wat klop
dis die wind wat droefheid so vee oor die sneeu
en die klokke probeer die honger wolwe verskrik
nee dis nog geen lente

die blomme wat jy buite in die tuine
sien blink
is net klein messies ys teen die ruit

maar die lente sal kom
kyk die lente sal kom
ja die lente sal kom

(glo my tog)

3.6 (transitional)*

no it's no swallow stitching frills
round our eyes in the sky
it's no white horse with smoke in the moon
you hear galloping there
and the water you imagine around the house
is not water
the bells beyond are not ringing out joy
no there's no spring yet

it's a winter blue gull pecking the dead soil
it's the hooves of the doctor's black horse
that are knocking
it's the wind sweeping sadness across the snow
and the bells are trying to frighten the hungry wolves
no there's no spring yet

the flowers you see in the garden
shining outside
are only little knives of ice on the pane

but the spring will come
look the spring will come
yes the spring will come

(just believe me)

[A.J.C.]

3.15 (windroos)

hang die wit seile uit geliefde
vandag nie 'n dag later nie
en op die daad gaan ons
huis toe

verf die boothuis blou
versigtig versigtig
bring die vaatjies vars water aan boord
'n palmboom om die kuste af te rond
lemoene my pype die blomme die brood
en smeer pik tussen die dekplanke
want mens weet nooit

wat sê die kompas?
hang die wit seile uit geliefde
spyker 'n landsduif teen die hoogste kruismas
kyk die wind staan bol
en lou reeds op die hand

o vandag nog in waarheid en op staande voet
vaar ons uit
huis toe:
kry nou net nog enige ou see

3.15 (wind-rose)

hang out the white sails my love
today not a day later
and this moment we're
going home

paint the boat-house blue
take care take care
bring the freshwater barrels on board
a palm-tree to round off the coasts
oranges my pipes the flowers the bread
and smear pitch down the planking
because one never knows

what does the compass say?
hang out the white sails my love
nail a land-dove to the highest cross-tree
look the wind is bulging
and is already warm on my hand

o today for sure and up on our feet
we're sailing out
homewards:
now just find me any old sea

[A.J.C.]

3.20 (blind op reis)

ek het in die skadu van Witberg oornag
maar om die berg se hoë slape
oor die silwer slaapmus van ewige sneeu
kon ek die kranse lig sien beef

so groot so onaantasbaar so *wit*
só hoog kom my begrip nooit na bo
en deur my vingers het ek die bidkrale
van sterre probeer tel

om jou naam weer te proe
om jou bitter naam soos ligte druppels
reën op my tong te vang om jou naam
soos 'n afgod in my droom se grond te plant

'n god om my verdere reis te seën
want met die roep van jou naam
met die bloed van jou naam in my mond
kruip ek al hoe yler al hoe witter skuinstes uit

3.20 (travelling blind)

I spent the night in the shadow of White mountain
but around the high brows of the mountain
beyond the silver night-cap of eternal snow
I could see the shivering light of crags

so mighty so untouchable so white
and so high my understanding never reaches the top
and through my fingers I tried to count
the prayer-beads of stars

to taste your name once more
to catch the light drops of your bitter name
like rain on my tongue, to plant
your name like an idol in the earth of my dream

a god to bless my further journey
because with the calling of your name
with the blood of your name in my mouth
I crawl up the sparser, whiter slopes

[E. v. H.]

4.11

Allerliefste, ek stuur vir jou 'n rooiborsduif
want niemand sal 'n boodskap wat rooi is skiet nie.
Ek gooi my rooiborsduif hoog in die lug en ek
weet al die jagters sal dink dis die son.
Kyk, my duif kom op en my duif gaan onder
en waar hy vlieg daar skitter oseane
en bome word groen
en hy kleur my boodskap so bruin oor jou vel

Want my liefde reis met jou mee,
my liefde moet soos 'n engel by jou bly,
soos vlerke, wit soos 'n engel.
Jy moet van my liefde bly weet
soos van vlerke waarmee jy nie kan vlieg nie

4.11

Dearest beloved, I am sending you a laughing dove
because no one will shoot down a little red message.
I throw my laughing dove high up in the sky and I
know all hunters will think it's the sun.
Look, my dove comes up and my dove goes down
and wherever it flies the seas sparkle
and trees grow green
and it colours my message so brown on your skin

For my love travels along with you,
my love must stay with you like an angel,
like wings, white as an angel.
You must keep knowing of my love
like wings with which you cannot fly

[E. v. H.]

5.2

kopulasie is meditasie
en die een soos die ander loop uit
in oorgawe aan die niet:
die syn in wit

die sperm is: gedagte aan verheldering
die semen word geskiet
en bars in stilte
in die heelal van jou niet

die ontploffing van lig
wat duisternis bring

5.2

copulation is meditation
and the one like the other runs out
into surrender to the void:
the being in white

the sperm is: thought towards enlightenment
the semen is shot
and bursts in silence
in the universe of your void

the explosion of light
which brings darkness

[A.J.C.]

6.4 ('Je suis vécu' sê Arthur l'Hottentot)

Ek het nie tyd genoeg om nie te slaap
Ek is alleen. Alleen is ek nie

Wat is die skoonheid van die skoelapper?
Dit is sy gebreke
Nee
die skoonheid is die vlinderende vlug
    van die skoelapper se vlerke

Moenie die vlinder analiseer nie —
Om dit te kan doen
moet hy trilsit, stil
soos 'n soen op jou skoen
    'n blomblaar sonder blom
    is 'n nag sonder drome

Jy wat slaap is al-almagtig
en tog so broos —
met een handgebaar wis ek jou dromeryk uit

Ek durf jou nie wek nie —
ek is geen fascis

Die dag is van die wêreld
en ek sou graag deel wou wees van jou nag

Want met die eerste kontak korrupteer ek jou,
met my eerste sien met my eerste sê
(as jy my sien)
word jy in die bloed van my sien-en-sê ingelê

Kontak is van die dag
en in die nag is dit nooit ter sprake
want die nag is die duistere sonneryk van mag

[156]

6.4 ('Je suis vécu' says Arthur l'Hottentot)*

I do not have enough time not to sleep
I'm alone. Alone I'm not

What is the beauty of the butterfly?
That is its shortcoming
No
the beauty is the ragged flight
                of the butterfly's wings

Do not analyse the butterfly —
To be able to do that
he must sit quivering, quiet
like a kiss on your shoe
                a petal without flower
                is a night without dreams

You when you sleep are all-almighty
and yet so fragile
with one move of the hand I destroy your kingdom of dreams

I daren't wake you —
I'm no fascist

The day is of the world
and I'd like to be part of your night

For at the first contact I corrupt you
with my first look with my first word
(if you see me)
you are laid in the blood of my looking and saying

Contact is of the day
and at night it doesn't matter
for the night is the dark sun's kingdom of might

En in die dag het jy nie vlerke nie;
ek het jou lief omdat ek jou gemaak het —
papie, kokon, vlinder-sonder-vlug en
                  boetedoening op my skoen

Ek mag jou nie hê
om jou te mag hê
o om dit te kan sê
moet ek jou breek
moet jy onder die kombers
van my woorde kom lê

En my woorde stink

Ek hou nie van boete se soet
onder stink komberse nie
Jy bestaan nie vir my nie

Ek is verlief op my alleenwees
omdat ek alleen is
soos ek treur oor my verlore dood
en daarom maak ek jou wakker

Is ek vir jou ook daar?
Dan is ek nie
en is dit jy
wat my tot skreeuende bestaan verlei

Tog, al folter ek jou hóé
nooit sal ek kan verhoed
dat jy weer die nag sal dra
soos 'n hoed, maar ryker as enige kroon

En kyk, die koningin is kaal
(kyk nou so 'n listige skepsel)

Vrou,
laat my my vlerke vou
en huis toe kom op jou soen

[158]

And in the day you have no wings;
I love you because I've made you
chrysalis, cocoon, butterfly-without-flight and
                    a rag to clean my shoe

I may not have you
be allowed to have you
o to be able to say it
I would break you
you must come and lie under
the blanket of my words

And my words stink

I don't like the sweetness of penance
under stinking blankets
You don't exist for me

I'm in love with my loneliness
because I'm alone
like I mourn for my lost death
and that's why I wake you up

Am I there for you too?
Then I don't exist
and it's you
seducing me to a screaming existence

Still, if I torture you in any way
I'll never be able to prevent
you wearing the night again
like a hat, but richer than any crown

And look, the queen is naked
(look at such a cunning beast)

Woman,
let me fold my wings
and return home on your kiss

[159]

Twee dinge wil ek sê:
ek is alleen maar ek het jou lief
en jy is my vlug —
ek wil jou laat loop op die brug van ontwaking
met dag en nag onbereikbare oewers
wat weg sal drywe op die water se rug

en ons is een, een-een alleen
van ontbinding vervreem —
verskoon my moet sê
            en die leemtes

Two things I have to say:
I'm alone but I love you
and you are my flight —
I want to let you walk on the bridge of awakening
with day and night inaccessible shores
that'll drift away on the water's back

and we are one, one-one alone
cut off from decay —
forgive me having to say it
                    and the emptiness

[A.J.C.]

Hoe vaak was ons hier tussen koeltes op die vloer

hoe vaak was ons hier tussen koeltes op die vloer
die reuk van terpentyn en van vuur
die doeke is wit want die oë is leeg
die afsydigheid van die nag
en die maan 'n glimlag buite iewers
buite sig
die dae vergaan soos seisoene by die ruite
'n wolk, 'n gesig, reënblare, dié gedig,
ek wou my afdruk op jou laat
ek wou jou brandmerk met die vuur
van alleen wees
geen vuur sing so mooi
soos die silwer as van jou bewegings nie
en jou treurige liggaam
ek wou daardie treurigheid uit jou haal
sodat jou liggaam oop mag breek
soos 'n stad oopgaan
op 'n helder landskap
vol duiwe en die vuur van bome
en waar silwer kraaie ook onsigbaar is in die nag
en die maan 'n mond wat mens aan die brand kan steek
en dan wou ek hê dat jy kon lag
en jou bitter lyf
my hande van porselein op jou heupe
jou asem so 'n donker pyn
'n swaard is aan my oor
hoe dikwels was ons hier
waar net silwer skaduwees nog roer
alleen deur jou moet ek myself verwerp
deur jou alleen het ek besef hoe haweloos ek is
in 'n brandende see

How drowsy we were wrapped in the coolness on the floor

how drowsy we were wrapped in coolness on the floor
the smell of turpentine and fire
the canvas white to our empty eyes
the night indifferent
and the moon a smile somewhere outside
out of sight
days pass the window-panes like seasons
leaves of rain, a face, a cloud, this poem,
I want to leave my print on you
to brand you with the fire
of solitude
no fire sings clear
as the silver ash of your movements
your body filled with sadness
that I want to draw from you
so that you break
like a city opening
on a bright landscape
filled with pigeons and the fire of trees
and silver crows out of sight in the night
and the moon a mouth that one can ignite
and then I wish that you could laugh
your body filled with bitterness
my porcelain hands on your hips
your breath such a dark pain
a sword at my ear
how often were we here
where only silver shadows are left stirring
alone against you I must deny myself
through you alone I find I have no harbour
in a burning sea

[D.H.]

Die wit perd

daardie wit perd van vanmôre
wei in 'n groen kamp en agter
die skuimende kanteling van die see:
nou kan niks of niemand ons liefde skend nie

die lig vol seemeeue; ons hotel heet
'die wit perd' — buite teen die môre
beur werkers met krom bene in blou oorpakke
die krae en oë opgeslaan teen die wind
vol seemeeue en agter 'n muur
die see so grys soos jou oë grys is
van die dag: wie weet of ons harte gekraak is
maar niks kan ons liefde meer skend nie

wanneer het dit dag geword?
ons het die nag vasgelê in ons drome
hoe hoog die toring van duisternis?
hoe kan ek dit skryf?
'n skare in optog agter swart en rooi baniere
om teen die dood te betoog? 'n warm mond
vol suiwer beentjies? want sterre is kraakskoon
en gulhartig soos glimlagte

dalk flikker 'n handspieëltjie hoog in die donker
dalk kantel die skip
maar ons is verstekelinge in die boot van ons lywe
en niks kan ons liefde meer skend nie

teen die dag is ons in die sarkofaag van herinneringe
besoek ons die stof en dit wat matrose land toe kon bring
van Java? Egipte? bitter skepies gebeitel uit tande
uit 'n tyd toe die dood op die waters gery het

The white horse

that white horse of this morning
is grazing in a green paddock and behind
the foaming tilt of the sea:
now nothing and no one can wound our love

the light full of seagulls; our hotel is called
'the white horse' — outside against the morning
workers with bandy legs in blue overalls strain
collars and ties turned up at the wind
full of seagulls and behind a wall
the sea as grey as your eyes are grey
with the light: who knows if our hearts are cracked
but nothing can wound our love any more

when did the day come?
we held down the night in our dreams
how high the tower of darkness?
how can I write it down?
a crowd protesting behind black and red banners
to demonstrate against death? a warm mouth
full of pure little bones? because stars are clean as a whistle
and as generous as smiles

perhaps a hand-mirror flickers high in the darkness
perhaps the ship sways
but we are stowaways in the boat of our bodies
and nothing can wound our love any more

at daybreak we're in the tomb of memories
we visit the dust and whatever sailors could bring ashore
from Java? Egypt? bitter little bones chiselled out of teeth
from a time when death rode the waters

en vreemde musiekinstrumente my liefde
o my liefde skreeuende bote vaar deur jou oë
ek wil dat niks in jou skeur dat die wit perd
'n benerige gedig 'n sermoen vol sterre
teen die see se grense bly waak

en nou weet ek: niks of niemand kan ons liefde
vernietig ons boot is vol sterre vol vlae
ons monde skuur die beentjies van ons harte wit
in die spieël staan die wit perd weerkaats

and strange musical instruments my love
o my love screaming boats sail through your eyes
I want nothing to tear inside you and that the white horse
a bony poem a sermon full of stars
stay watching on the borders of the sea

and now I know: nothing and no one can destroy
our love our boat full of stars full of flags
our mouths scour the bones of our hearts white
in the mirror the white horse is reflected

[E. v. H.]

1 Februarie 1972

dat alles bewerig sal aanhou leef die hart loop tjoef
dat winde oor mense by vensterrame stort
dat bonsende diertjies met gespitsde ore
na wolke bly kyk die hart loop tjaf
en dat die wolke stralend bly streel oor die torings;

dat honderde honde deur die bosse dwaal
en tenks soos wurms deur hoofstede rol
dat die duiwe bly paar
dat koerante nog verkoop word — miskien
fluit die sterre vir blink vliegtuie
is die stralers nog tonge
miskien lê Maäfrika nog iewers op 'n kaart;

dat ons nie weer oor velde ys
tot aan die maan se hitte sal loop
nie meer teen die môre mag draf nie
met asems soos vlae wanneer lyf en lyf ontmoet
om op terrasse met die asems gestryk as dit bitterlik koud is
'n feesmaal van die koffie en die brood te maak;

dat ek jou skroompaleisie nie meer hoef te troos
nooit weer sal lag oor jou koddige duime
jy nooit weer gidse sal wees vir my oë
dat ons drome geskei is
'n vuur hier en daar die vlam
en dat ek nooit weer vóór jou sal voel
hoe groei my woorde lomp maar soet
hoe swel oor my tande die woorde soos tonge
totdat die heuwels van water moes skater;

1 February 1972

that all quivering things stay alive the heart goes bump
that winds shower people at window-frames
that trembling creatures with cocked ears
keep watching clouds the heart goes thump
and that gleaming clouds keep caressing towers;

that dogs roam the bushes in their hundreds
and tanks like worms roll through capitals
that doves go on mating
that newspapers still get sold — perhaps
the stars whistle at bright aircraft
and jet planes are still tongues
and somewhere Mother Africa still lies on a map;

that we won't walk again on ice-fields
up to the moon's heat
or trot against the morning anymore
with breath like flags when flesh meets flesh
for terrace feasts on coffee and on bread
with lowered breath when it's bitterly cold

that I need no more to soothe your timid palace
or never laugh about your comic thumbs
that you guide my eyes no longer
our dreams be divided
fire here and the flame there
that before you I never again feel
how my words grow clumsy but sweet
how the words swell over my teeth like tongues
until the hills must peal with the laughter of water

dis winter dis lente dis somer dis herfs
en dis hoogwater sandwater
volmaan en vrek
dis oggend en nag
dat jy nie kan luister hoe bid ek teen die lewe
in die kneukelkapel van my hande:

ek vou die dooie van dit
                    wat ons
liefde genoem het
in kalkdonker woorde
begraaf dit hier
in hierdie papier

dat 'n God die gate vul

it's winter it's spring it's summer it's autumn
and it's high tide it's sand tide
full moon and death
it's morning it's night
that you don't hear how I pray against life
in the knuckle-chapel of my hands:

I fold the dead of that
                    which we
called love
in chalk-dark words
bury it here
within this paper

that a God should fill the gaps

[R.K.]

Daar is 'n groot soort voël my beminde

daar is 'n groot soort voël my beminde
ek weet nie of dit 'n wildegans is
of 'n mak albatros nie
of dalk is dit 'n bergvalk beminde
so groot en so lig soos 'n bergkruin vol sneeu

daardie voël se bors en maag is swart
sodat jy dit snags nie sien vlieg nie
maar dit sing met dieselfde geluid as die sterre;
en daardie voël se vlerk en rugvere is blou
sodat dit bedags onsigbaar onderstebo sweef
mens sien soms net twee skaduvlekke
skuif oor jou oë beminde

bleek is die kleur van my beminde
swart is sy in my hele nag
en ook altyd tussen my en my oë

There is an immense bird my love

there is an immense bird my love
it could be a wild swan
or a gentle albatross
perhaps a mountain hawk my love
immense and light as a snow-capped peak

that bird's breast and belly are black
so by night you cannot see it fly
but it sings with the same sound as the stars;
and that bird's back and pinions are blue
so by day you can't see how it soars upside-down
sometimes only two flecks of shadow
shift across your eyes my love

my love's colour is faint
her blackness fills my night
and also always between me and my eyes

[D.H.]

Padmapani

Padmapani
nee jou lyf is nie 'n tronk nie
jou verstaan het kroonblare
wat soeter as maanlig ruik
jou hare is 'n sluik
swart brander
'n vaandel teen die lig
twee vlinders het op die takkies
bo jou neus kom rus
al was dit slegs om my pen te ontstig
en elke oor is 'n kus
teen die see se spoel
jou oë is twee koeltes in die woestyn
is twee tente waar poue in skyn
en my ooghare kan op jou skouers kom rou
jou rug is 'n skitterende lans in die water
jou duintjies het effens later
as die skermeruur uit my palms geswel
jou hart roer met die snel
geluidloosheid van grondbootjies kou
jou hande is duimpie
met al sy bruinerige maters
waar jou dye die buik tegemoet
kom pronk 'n manhaftige pluimpie
o heil die juweel in die lotus
en soet moet dit wees
om in die nikswees
op te duik
nee jou lyf is nie 'n tronk nie
Padmapani

Padmapani

Padmapani
No your body is no prison
your understanding has petals
sweeter than moonlight
your hair is a secret
black wave
a banner against the light
two butterflies have settled
on the twigs above your nose
if only to upset my pen
and each ear is a beach
against the wash of tides
your eyes are two shelters in the desert
two tents with brilliant peacocks
and my eyelashes lament on your shoulders
your back is a glistening lance in water
and soon after dusk your small dunes
rose from my palms
your heart moves with the quick
soundlessness of chewing peanuts
your hands are tom thumb
and all his brownish friends
where your thighs meet your belly
struts a small proud plume
o hail to the jewel in the lotus
how sweet it must be
to dive upwards
into that nothingness
no your body is no prison
Padmapani

[A.P.B.]

*Notes

The following notes are intended merely as clarification of certain South African references.

breyten prays for himself
The major Afrikaans poet, N. P. van Wyk Louw, wrote a poem based on the famous prayer of St. Ignatius, 'St. Ignatius prays for his order', *Nuwe Verse*, 1956. Breytenbach's poem is a parody of this. The unselfishness of that prayer here becomes a self-centred, man-centred protest against pain.

The black city
This poem was inspired by the poet's visit to Southern Africa in 1967. At that time the beginning of the end for Portuguese rule in Mozambique could probably be sensed by the intelligent observer. Lourenço Marques has since become Maputo.

Goodbye, Cape Town
Because Yolande Breytenbach was not granted a visa to visit South Africa in 1967 she and Breyten travelled to Swaziland, where she was able to meet Breyten's parents. However, they were permitted to stay over a few hours in Cape Town before their departure for Europe.

September sea
Basjan is one of the poet's brothers.

Eavesdropper
Stephen L. is the well-known Afrikaans novelist, Etienne Leroux.

The promised land
The Bureau of State Security is the powerful South African security organization known as BOSS.
'a grenade', the Afrikaans word 'granaat' has two meanings: a pomegranate and a hand grenade. In the Afrikaans text the subsequent line 'red hearts will burst' acquires the visual image of the bursting open of a pomegranate.

Life in the ground

The names Dimbaza, Limehill and Stinkwater have a political signi-
ficance. Under the policy of 'Separate Development', or apartheid,
black people living in 'white' areas had to be evacuated — the removal
of the so-called 'black spots'. Since 1968 the evacuees have been re-
settled in black homelands, initially in temporary lodgings. Dimbaza
near Kingwilliamstown, Limehill in Natal and Stinkwater near
Pretoria were the names of some of these places. During the removals
many children died from malnutrition and from diseases caused by
the lack of adequate sanitation. 'because they clear the realm of the
boer' — the word 'boer', meaning farmer, is used in the translation to
retain the wordplay of 'boer' and 'Boer'.

Letter to butcher from abroad

'for Balthazar' — the name Balthazar originally meant 'guardian of
the kingship' or 'protector of the kingship'. The reference here is to
Daniel 5, in which Belshazzar sees the writing on the wall which is
interpreted for him by the prophet Daniel.

Balthazar is also the name of the Prime Minister of South Africa:
Balthazar Johannes Vorster. The poem can therefore refer to the
authoritarian ruler in general, and specifically to South Africa.

1.1 (lotus)

The system of numbering the poems in *Lotus* is important. The
numbers are therefore retained in this selection.

3.6 (transitional)

'the hooves of the doctor's black horse' is probably a reference to the
wind called the 'Cape doctor', a destructive south-easter in the
southern Cape.

6.4 ('Je suis vécu' says Arthur l'Hottentot)

Arthur l'Hottentot was the nickname of the French poet Arthur
Rimbaud.

Bibliography

Die ysterkoei moet sweet (The iron cow must sweat, *poems*), Afrikaanse Persboekhandel, Johannesburg, 1964.

Katastrofes (Catastrophes, *prose texts*), Afrikaanse Persboekhandel, Johannesburg, 1964.

Die huis van die dowe (The house of the deaf, *poems*), Human en Rousseau, Cape Town, 1967.

Kouevuur (Cold Fire, *poems*), Buren, Cape Town, 1970.

Lotus, (*poems*), Buren, Cape Town, 1970.

Oorblyfsels (Remains, *poems*), Buren, Cape Town, 1970.

Om te vlieg (To fly, 'an essay of five limbs and an Ode'), Buren, Cape Town, 1971.

Skryt, om 'n sinkende skip bluu te verf (to paint a sinking ship blue, *poems* and *drawings*), Meulenhoff Nederland, Poetry International Series, Amsterdam, 1972. Reprinted 1976 with Dutch translations by Adriaan van Dis.

Met ander woorde, vrugte van die droom van stilte (In other words, fruits of the dreams of silence, *Letter* and *poems*), Buren, Cape Town, 1973.

De boom achter de maan (The tree behind the moon, *stories*). Translated into Dutch by Adriaan van Dis and J. Louter. Van Gennep, Amsterdam, 1974.

Voetskrif, (*poems*), Perskor-uitgewery, Johannesburg, 1976.

'n Seisoen in die Paradys, (*diary*), Perskor-uitgewery, Johannesburg, 1976.

Blomskryf (Flower writing, *an anthology*), Taurus, Johannesburg, 1976.

Feu Froid, Traduit de l'Afrikaans par Georges Marie Lory, Preface de Bernard Noël, Christian Bourgois Editeur, Paris, 1976.

Het huis van de dove (*collected poems*), Meulenhoff, Amsterdam, 1976.

Met andere woorden (*collected poems*), Meulenhoff, Amsterdamm, 1977.